V&R

BERATEN IN DER ARBEITSWELT

Herausgegeben von
Stefan Busse, Heidi Möller, Silja Kotte und Olaf Geramanis

Marius Neukom

Narzissmus im Arbeitsleben

Selbstbezogenheit verstehen statt stigmatisieren

VANDENHOECK & RUPRECHT

Bibliografische Information der Deutschen Nationalbibliothek:
Die Deutsche Nationalbibliothek verzeichnet diese Publikation in der Deutschen Nationalbibliografie; detaillierte bibliografische Daten sind im Internet über https://dnb.de abrufbar.

Umschlagabbildung: Artem Musaev/Shutterstock.com

Satz: SchwabScantechnik, Göttingen
Druck und Bindung: ⊕ Hubert & Co, Göttingen
Printed in the EU

Vandenhoeck & Ruprecht Verlage | www.vandenhoeck-ruprecht-verlage.com

ISSN 2625-6061
ISBN 978-3-525-40028-9

Inhalt

Zu dieser Buchreihe

Die Reihe wendet sich an erfahrene Berater:innen, die Lust haben, scheinbar vertraute Positionen neu zu entdecken, neue Positionen kennenzulernen und die auch angeregt werden wollen, eigene zu beziehen. Wir denken aber auch an Kolleginnen und Kollegen in der Aus- und Weiterbildung, die neben dem Bedürfnis, sich Beratungsexpertise anzueignen, verfolgen wollen, was in der Community praktisch, theoretisch und diskursiv en vogue ist. Als weitere Zielgruppe haben wir mit dieser Reihe Beratungsforscher:innen, die den Dialog mit einer theoretisch aufgeklärten Praxis und einer praxisaffinen Theorie verfolgen und mit gestalten wollen, im Blick.

Theoretische wie konzeptuelle Basics als auch aktuelle Trends werden pointiert, kompakt, aber auch kritisch und kontrovers dargestellt und besprochen. Komprimierende Darstellungen »verstreuten« Wissens als auch theoretische wie konzeptuelle Weiterentwicklungen von Beratungsansätzen sollen hier Platz haben. Die Bände wollen auf je rund 90 Seiten den Leser:innen, die Option eröffnen, sich mit den Themen intensiver vertraut zu machen als dies bei der Lektüre kleinerer Formate wie Zeitschriftenaufsätzen oder Hand- oder Lehrbuchartikeln möglich ist.

Die Autorinnen und Autoren der Reihe werden Themen bearbeiten, die sie aktuell selbst beschäftigen und umtreiben, die aber auch in der Beratungscommunity Virulenz haben und Aufmerksamkeit finden. So werden die Texte nicht einfach abgehangenes Beratungswissen nochmals offerieren und aufbereiten, sondern sich an den vordersten Linien aktueller und brisanter Themen und Fragestellungen von Beratung in der Arbeitswelt bewegen. Der gemeinsame

Fokus liegt dabei auf einer handwerklich fundierten, theoretisch verankerten und gesellschaftlich verantwortlichen Beratung. Die Reihe versteht sich dabei als methoden- und Schulen übergreifend, in der nicht einzelne Positionen prämiert werden, sondern zu einem transdisziplinären und interprofessionellen Dialog in der Beratungsszene anregt wird.

Wir laden Sie als Leser:innen dazu ein, sich von der Themenauswahl und der kompakten Qualität der Texte für Ihren Arbeitsalltag in den Feldern Supervision, Coaching und Organisationsberatung inspirieren zu lassen.

Stefan Busse, Heidi Möller, Silja Kotte und Olaf Geramanis

Einführung

Dieses Buch vermittelt eine Konzeption von Narzissmus als zwischenmenschlich bedeutsames, seelisches Phänomen, das wir stets mitgestalten. Sein wissenschaftliches Fundament bilden aktuelle Erkenntnisse aus Psychoanalyse, Psychotherapie, Entwicklungspsychologie und Neurobiologie. Sie werden so weit als nur möglich frei von Fachjargon präsentiert und münden in ein Verständnis, das aus den alltäglichen Herausforderungen des Selbstseins hervorgeht.

Ausgangspunkt bildet das in sich widersprüchliche Verlangen, von anderen gesehen und geliebt zu werden, um sich selbst sein[1] zu können. Es verlangt von erwachsenen Menschen nicht nur die Fähigkeit, Anerkennung anzunehmen und sie anderen zu zollen, sondern auch das Zurechtkommen mit Gefühlen von Abhängigkeit, Ohnmacht, Unsicherheit, Zweifel, Scham und Angst. Diese Herausforderungen beeinflussen die Beziehungsfähigkeit, die Motivation und die Leistungsbereitschaft jedes Menschen grundlegend. Sie prägen individuelle und kollektive Ausgestaltungen von Karriere, Status, Macht und Geld und formen Führungsstile, Unternehmensstrukturen und Organisationskulturen. Das Verlangen nach Erfolg, Ansehen, Unabhängigkeit wie auch die Vermeidung von Schmerz und Abhängigkeit können großartige Ergebnisse generieren, aber auch ins unvorstellbare Desaster münden.

1 Ich ziehe »sich selbst sein« der gebräuchlicheren Formulierung »man selbst sein« vor, weil »man«-Formulierungen das Persönliche, Individuelle und Einzigartige verallgemeinern und verschleiern. »Man selbst sein« ist im Kontext dieses Buchs eine inkonsistente und unschöne Redewendung.

Gegenwärtig treten mit dem Wort »Narzissmus« in der Regel sogleich auch die »Narzissten« und die Diagnosekriterien der narzisstischen Persönlichkeiten oder Persönlichkeitsstörung auf. Im besten Fall werden »Narzissten« als brillante Egoisten, charismatische Exzentriker, skrupellose Innovatoren, smarte Kontrollfreaks oder knallharte CEOs dargestellt. Meistens jedoch sind sie rücksichtslose Vorgesetzte, geldgierige Unternehmer, Egomanen, Psychopathen, Despoten, Tyrannen, Blender, Hochstapler oder Fälscher: selbstbezogene, gefühllose, beziehungsunfähige Männer.

Da die entsprechende Literatur zu Narzissmus inner- und außerhalb von Fachkreisen derzeit floriert und sich repetiert, verzichte ich darauf, sie breit zu zitieren. Diagnosen und Fachausdrücke haben unter Fachpersonen und im Kontext professioneller Hilfestellung in Psychotherapie und Psychiatrie durchaus ihre Berechtigung. Für den Transfer in die Arbeitswelt und einen Export in den Alltagsgebrauch eignen sie sich jedoch nicht. Denn dort wirken sie ausgrenzend und entwertend. Dass »Narzissten« stets unsympathische, falsche, kranke andere sind, sollte stutzig machen. Mit wissenschaftlichen Diagnosen und Erkenntnissen kann man sich schadlos halten und drohende Kränkungen ausgleichen. Doch Stigmatisierungen und Pathologisierungen stehen einem respektvollen Eingehen auf andere Menschen im Weg.

Aus psychoanalytischer Sicht bezieht sich Narzissmus neutral auf das Verhältnis des Subjekts zu sich selbst und anderen. Der häufig beklagten Rücksichts- und Empathielosigkeit halte ich eine Konzeptualisierung entgegen, die uns in dieses durch und durch menschliche Phänomen verständnisvoll involviert und für die Not in *jedem* Selbstsein und *jeder* Persönlichkeitsentwicklung sensibilisiert. Am Rande – und nicht im Zentrum – finden auch Krankheitserscheinungen ihren Platz. Damit gibt es keine »Narzissten«, und ich verzichte grundsätzlich auf Adjektive wie »gesund«, »ungesund«, »gestört«, »krankhaft« und »pathologisch«. Auch Bezeichnungen wie »Selbstverliebtheit«, »Egoismus« oder »großes Ego« gehören nicht in mein Vokabular. Zudem benutze ich eine zeitgemäße Sprachform, die alle

Geschlechter egalitär einschließt und vermeide damit die Fortschreibung von Geschlechtsstereotypien im Sinne von auf Großartigkeit bedachte Männer und sich selbst aufopfernde Frauen.

Dass mehrere meiner Fallbeispiele aus den USA stammen, ist kein Zufall. Einerseits liefern sie das führende Wirtschaftsmodell des 20. und 21. Jahrhunderts. Andererseits sind sie von einem historisch gewachsenen Drang nach Expansion und Bemächtigung der äußeren Welt durchdrungen, der sowohl prägnantes als auch bedenkliches Anschauungsmaterial hervorbringt.

Das Kapitel 1 bestimmt Narzissmus als ein intersubjektives Abstimmungsregulativ, das sich um Anerkennung dreht und unsere Leistungsgesellschaft auf charakteristische Weise prägt.

Im Kapitel 2 wird die Bürde des Narzissmus eingeführt. Sie besteht darin, schmerzliche Abhängigkeit anerkennen zu müssen, um sich selbst sein zu können. Wie gut uns dies im Feld von Arbeit gelingt, zeigt nicht zuletzt unser Verhältnis zu Erfolg, Geld und Macht.

Das Kapitel 3 befasst sich mit der Entstehung des Selbst und der intrapsychischen Verarbeitung von illusionären Autonomiewünschen und Furcht vor Abhängigkeit. Je besser diese integriert werden können, desto fähiger ist ein Individuum zu Selbstreflexion und Respekt vor der Autonomie anderer.

Das Kapitel 4 skizziert kritische Verarbeitungs- und Kompensationsmuster im Zusammenhang mit Selbstunsicherheit. Es zeigt auf, wie sie sich auf Führungsverhalten und unternehmerische Strategien auswirken können.

Das Kapitel 5 befasst sich mit der Frage, wie sich narzisstische Dynamiken auf Beratungsprozesse auswirken und wie mit ihnen umgegangen werden soll.

1 Narzissmus als soziokulturelles Regulativ

Obschon der sich in sein Spiegelbild verliebende Jüngling Narziss in Ovids »Metamorphosen« als Namensgeber diente, bietet die griechische Mythologie wenig Aufschluss zum Konzept des Narzissmus. Der Begriff »Narcismus« wurde 1899 vom deutschen Psychiater Paul Näcke zur Beschreibung einer sexuellen Perversion geprägt. Sigmund Freud (1914) übernahm ihn als »Narzissmus« und machte daraus ein anspruchsvolles triebtheoretisches Konzept, das bis heute Anlass zu reden gibt. Martin Altmeyer (2004) hat in einer eindrücklichen Studie die außerordentlich vielschichtige Theoriegeschichte von Narzissmus unter Berücksichtigung von Erkenntnissen der modernen Psychoanalyse, Säuglingsbeobachtung, Bindungstheorie, Entwicklungspsychologie, Neurobiologie und Psychotherapieforschung nachvollzogen. Er schließt sie mit einer zeitgemäßen Reformulierung des Konzepts ab (S. 226 ff.), welche die Grundlage der hier dargelegten Sicht bildet.

Auffallend viele der herkömmlichen wissenschaftlichen und populärwissenschaftlichen Übertragungen des Narzissmus-Konzepts auf Menschen ohne klinische Symptome (wie etwa Führungskräfte) oder auf die Gesellschaft schlechthin, neigen zu Stigmatisierungen und Pathologisierungen (Kratzer, 2021; Kets de Vries, 1998; Dammann, 2011; Lasch, 1991; Maaz, 2012). Obschon ihre Übereinstimmung relativ groß ist, ufern diese Publikationen derzeit aus. Sie reagieren auf gesellschaftliche Veränderungen infolge der Digitalisierung. Diese hat die Arbeitswelt unter den Stichwörtern »Partizipation« und »Agilität« (Lewkowicz u. Neukom, 2019, S. 28 ff.) grundlegend verändert und Themen wie Geschlecht, Hautfarbe, Religion, ethnische und nationale

Zugehörigkeiten auf Social Media zu regelrechten Kampffeldern rund um Identität und Individualität entwickelt. Sie machen den Menschen allerdings weder krank noch zu einem Opfer, sondern fordern dazu heraus, sich von Neuem mit ihm als Gefühlswesen zu befassen, dem der Intellekt nie ganz beizukommen vermag (S. 49 ff.).

Wie bereits erwähnt, halte ich an Narzissmus anschließende Störungsbilder in Psychotherapie, Psychiatrie und Diagnostik (z. B. in Walter u. Bilke-Hentsch, 2020) zwar für nützlich und gerechtfertigt, doch ungeeignet für den Transfer in den Alltagsgebrauch. Fruchtbar dagegen ist der psychoanalytische Zugang, der einen Zusammenhang von Narzissmus und Selbstsein herstellt und auf die Bedingungen von Identität und Individualität an der »Schnittstelle zwischen gesellschaftlichen Erwartungen an den einzelnen und dessen psychischer Einzigartigkeit« (Bohleber, 1996, S. 268) verweist. Damit Menschen Individualität ausbilden und sich ein Leben lang emotional entwickeln können, müssen sie sich von anderen nicht nur unterscheiden, sondern sich in ihrem Selbstsein auch als anerkannt erleben. Weil das Zusammenspiel von Einzigartigkeit und Angewiesenheit auf Anerkennung den Narzissmus zusammenhält und zwischenmenschliche, gesellschaftliche und kulturelle Austauschprozesse mitprägt, bezeichne ich ihn als soziokulturelles Regulativ (Kap. 2). Bestimmte Notsituationen darin können zu sozial wenig verträglichen Verhaltensweisen, ungünstigen Charakterprägungen und Erkrankungen führen. Ich verstehe sie als Kompensationsformen und nicht als Narzissmus schlechthin. Daher konzentriere ich mich nachfolgend auf seine inneren Bedingungen und ihre Auswirkungen auf die Arbeitswelt.

1.1 Angewiesenheit auf Anerkennung

Das menschliche Verlangen, gesehen, angenommen, emotional versorgt und geliebt zu werden, gründet in der vollkommenen Abhängigkeit jedes Säuglings direkt nach seiner Geburt. Seine physische wie auch emotionale Versorgung ist überlebenswichtig und muss durch die ersten Pflegepersonen geleistet werden. Aus den entsprechenden Interaktionen und Spiegelungsprozessen erwachsen die Innenwelt und die Selbstwahrnehmung des Individuums (Stern, 2010; Kap. 3.1). Man geht davon aus, dass diese Vorgänge genetisch angelegt sind, doch ohne eine fördernde Umwelt würden sie nirgendwohin führen (Winnicott, 2001).

Säugling und Pflegeperson bilden eine Einheit, in der die Abhängigkeits-, Macht- und Kompetenzverhältnisse asymmetrisch verteilt sind. Ersterer ist vollkommen ausgeliefert und mit Gefühlen von Ohnmacht und Furcht vor drohendem Untergang konfrontiert, die sich tief in das Selbsterleben einschreiben und dem Bewusstsein nur bedingt verfügbar sind (Althoff, 2017, S. 44 ff.; Ermann, 2017, S. 83 ff.). Es ist daher keine Überraschung, dass Säuglinge unmittelbar nach der Geburt beginnen, um die Gunst der Pflegeperson zu werben (Dornes, 1993). Sie verfolgen aktiv die Befriedigung ihres vitalen Bedürfnisses, geliebt zu werden. Die entsprechenden Austauschprozesse zwischen Säugling und Pflegeperson formen nicht nur das Selbsterleben und die Selbstachtung (Stern, 2010), sondern auch ein Beziehungsmuster, das das Erleben, die Emotionen und die Angewiesenheit auf Anerkennung mitbestimmt. Nur mit emotionaler Unterstützung von Bezugspersonen kann ein Mensch ein wertschätzendes Gefühl für sich selbst, seine Autonomie, Individualität und Identität nach und nach ausbilden (Altmeyer, 2004; Bohleber, 1996; Abb. 1, siehe S. 15). Auch um im späteren Leben (Adoleszenz, Erwachsenenalter, Lebensmitte und Alter bis unmittelbar vor dem Tod) durch unvermeidliche Krisen hindurchnavigieren zu können, bleibt der Mensch auf funktionierende Beziehungen zu wohlwollenden Mitmenschen angewiesen.

Das Verlangen, gesehen, unbedingt geliebt und anerkannt zu werden, mündet in das Paradox, auf andere angewiesen zu sein, um sich selbst sein zu können: ein Individuum mit einer Identität und der Fähigkeit, sich zu verändern und zu entwickeln (Individuierung). Die dazugehörigen Beziehungsmuster und Gefühlsdynamiken bil-

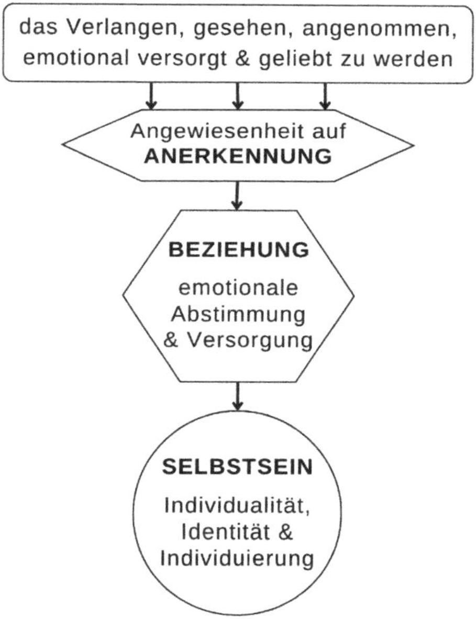

Abbildung 1: Angewiesenheit auf Anerkennung

den den Kern des Narzissmus. Er dreht sich um die Frage, wie Individuen in ihrer Angewiesenheit auf Anerkennung einander wahrnehmen und miteinander umgehen, und bezieht sich somit auf einen zwischenmenschlichen Prozess, in dem mindestens zwei Interaktionspartner:innen *gemeinsam* ein Drittes erschaffen. Dieses Dritte ist ein intersubjektives Phänomen, das sich *zwischen* zwei beteiligten Subjekten befindet, von beiden abhängt und von ihnen unlösbar simultan unterhalten wird (Abb. 2, siehe S. 16).

Abbildung 2: Narzissmus und Intersubjektivität

Intersubjektivität und intersubjektive Phänomene sind damit von *Beziehungen* und die durch sie hervorgebrachten fluiden Erlebens- und Wahrnehmungsrealitäten abhängig. Ihre Merkmale und Funktionsweisen können beschrieben, aber niemals auf nur eines der beteiligten Subjekte reduziert werden. Sie sind ein nach bestimmten Regeln funktionierendes Zusammenspiel oder Interaktionsmuster, das mindestens zwei *niemals ganz identische* und *stets subjektive* Wahrnehmungen, emotionale Gestimmtheiten und natürlich auch (kommunikative) Verhaltensweisen benötigt. Darum gibt es in Beziehungen und im Narzissmus nicht nur eine, sondern stets viele Wahrheiten, Perspektiven und Erlebensweisen.

1.2 Strauchelnde Überflieger:innen

Die Finanzwirtschaft basiert zwar auf mathematischen Algorithmen, doch in ihrer Funktionsweise wird sie zu einem Großteil von emotionalen Prozessen rund um Anerkennung, Autonomie, Erfolgswille bis hin zu Gier bestimmt (Lewkowicz u. Neukom, 2019, S. 54 f.). Dies gilt es bei anderen und sich selbst zu durchschauen und zu reflektieren. Das folgende Beispiel zeigt allerdings, dass es zu einfach wäre, Störungen in diesem System einzelnen Personen anzulasten.

Der Untergang von FTX und Alameda Research

Die im Spätherbst 2022 fulminant gescheiterten Kryptounternehmen FTX und Alameda Research wurden von zwei Menschen mit bemerkenswertem familiärem Hintergrund, eindrücklicher Bildung und steiler Karriere geleitet (Keusch, 2022; Wikipedia, 2023a). Sowohl der 30-jährige Sam Bankman-Fried als auch die 28-jährige Caroline Ellison galten aus Ausnahmetalente. Beide entstammen einem elterlichen Umfeld von Jurist:innen und Ökonom:innen, die an angesehenen amerikanischen Universitäten Professuren innehaben (Stanford und MIT). Ihre Schul- und Universitätsausbildungen absolvierten sie mit Bestleistungen in mathematischen Fächern.

Nach vier Jahren beim renommierten, als elitär geltenden Wallstreet-Handelsunternehmen Jane Street Capital gründete Bankman-Fried zuerst die Kryptohandelsfirmen Alameda Research (2017) und dann FTX (2019). Kurz darauf gewann er seine ehemalige Arbeitskollegin Ellison für Alameda Research, wo sie ab 2021 in der Rolle der Co-CEO und später der CEO arbeitete. Seine beiden Unternehmen verwalteten Portfolios mit enormen anvertrauten Summen, mit denen sie den Handel als Ganzes beeinflussten und schließlich auch manipulierten. Als FTX kollabierte, verursachte dies nicht nur finanziellen Schaden von bis zu – unvorstellbaren – ein bis zwei Milliarden Dollar, sondern auch nicht abschätzbare Verunsicherungen und Vertrauensverluste in Bezug auf Digitalwährungen selbst.

Einige der in den Medien zitierten Selbstaussagen der beiden Protagonist:innen zeigen, dass weder ihr familiärer Hintergrund noch ihre Schul- und Universitätsausbildungen oder Lehrjahre beim ersten Arbeitgeber reflektierte und emotional differenzierte Menschen hervorgebracht haben. In seinen ersten Reaktionen auf die Krise gab sich Bankman-Fried als völlig ahnungslos und unwissend in Bezug auf die Geschäfte, die er verantwortete. Ellison erzählte noch vor dem Fall scherzhaft, im Grunde nur Primarschul-Mathematik zu betreiben und nicht so genau zu wissen, was sie eigentlich tun würden. Bekannt geworden ist auch folgendes, im Internet kursierende Zitat von Bankman-Fried: »I'm very skeptical of books. I don't want to say no book

> is ever worth reading, but I actually do believe something pretty close to that. I think, if you wrote a book, you fucked up, and it should have been a six-paragraph blog post.«

Die Gerichte werden darüber befinden müssen, inwieweit Bankman-Fried und Ellison aus Ignoranz oder Vorsatz verantwortungslos gehandelt haben. Abgesehen davon, dass sie wohl ohnehin zu wenig lebenserfahren waren, um unternehmerisch so viel Verantwortung zu übernehmen, liegt der Verdacht nahe, dass sie in keiner Weise darauf vorbereitet waren, ihren eigenen Erfolg realitätsgerecht zu dimensionieren. Dies ist nicht zuletzt einer Gesellschaft geschuldet, die dazu neigt, Erfolg und Geld unkritisch zu glorifizieren.

Das Scheitern von FTX ist auch Produkt eines unkritisch an Karriere, Leistung sowie materieller und immaterieller Selbstexpansion orientierten Bildungssystems, das gerne das wohlklingende Label »Excellence« bemüht. Es idealisiert Leistung und Ansehen – bei Bankman-Fried und Ellison auch Herkunft –, ohne die Funktionsweise des menschlichen Narzissmus zu durchschauen. Würde es dies tun, müsste es Individuen auf den Umgang mit Abhängigkeit und Grenzen sowie dem Scheitern von Beziehungen und dem Verfehlen von Lebenszielen vorbereiten. Es müsste den individuellen und sozialen Wert des differenzierten Erlebens von Unsicherheit, Ohnmacht, Scham und Angst vermitteln und die emotionale Entwicklung und Selbstreflexion mit ähnlich viel Aufwand fördern wie das Wissen und Können.

In der Welt der Kryptowährungen hat sich die witzige Neuprägung »Hodling« (sic!) etabliert. Sie ist ein Aufruf, sich von Verunsicherungen und Zweifeln nicht verführen zu lassen, sondern Kapitalanlagen um jeden Preis zu halten und so aktiv an Kurserhalt und -steigerung mitzuwirken. Hodling beinhaltet eine bedeutsame Verdrehung: Es hält nicht zu Vertrauen in andere Menschen, sondern in die Macht des Geldes an (Luhmann, 2014, S. 61 ff.). Darin angelegt ist die fatale Illusion, dass sich mit Geld auch emotionale Versorgung kaufen ließe (Kap. 2.2, 4.1 u. das Konzept »Holding« in 5.4).

Als psychologisches Grundprinzip in der Finanzwirtschaft kann Hodling sowohl Blasenbildungen im Finanzwesen als auch Figuren wie Bankman-Fried und Ellison erzeugen. Denn die Überflieger:innen wecken durch überdurchschnittliche Leistungen und glänzende Zukunftsaussichten maßlose Bewunderung. Von Anerkennung und Zuspruch beflügelt, können sie als Unternehmer:innen nicht nur ungehindert expandieren, sondern auch folgenlos unerhörte Dinge sagen. Der Erfolg macht sie zu Sympathieträger:innen, denen vorbehaltlos vertraut wird, weil sich davon sowohl wirtschaftlich als auch emotional profitieren lässt. Die Identifikation mit sogenannten Leistungs- und Entscheidungsträger:innen befeuert die eigene Fantasie, Motivation und Leistungsbereitschaft. So entsteht ein Regelkreis, in dem sich Bewunderung, Idealisierung und Illusion wechselseitig verstärken. Diese Dynamik kann über weite Strecken tragen, nicht zuletzt, weil die Beteiligten kein Interesse daran haben, sie kritisch zu hinterfragen und sich selbst zu ernüchtern.

In diesem Prozess werden die Überflieger:innen allerdings zunehmend isoliert. Sie dürfen nicht scheitern, weil dies inakzeptable Schwächung und Enttäuschung nach sich ziehen würde. Sie werden zu Gallionsfiguren erhoben, die von einem sozialen, häufig auch ökonomischen System vor sich hergeschoben werden. Dabei verlieren sie ihre menschliche Dimension, erscheinen unfehlbar, unverletzlich und allmächtig. Als perfekte, vor (Selbst-)Zweifeln schützende Leitfiguren erhalten sie unkritische Bewunderung und grenzenloses Vertrauen. Im Zuge dieses Schubs an gleichzeitigem Zuspruch und Isolation muss es nicht verwundern, wenn sie den Boden unter den Füßen verlieren und nicht mehr zwischen sich als begrenzte Menschen und der erwarteten, übermenschlichen Perfektion und Leistung unterscheiden können. Trotz enormer Machtfülle liegt es nicht mehr in ihrer Macht, den Lauf der Dinge zu steuern oder gar zu stoppen. Sie gehen über ihre eigenen Grenzen hinweg und beuten sich selbst und andere aus, täuschen sich selbst und andere. Nicht selten werden sie vom Umfeld unverhohlen dazu ermutigt.

Wenn sie jedoch in Ungnade fallen, kommt es zu einem krachenden Absturz. Sie verlieren nicht nur ihre Anhängerschaft und werden unversehens zu maximal enttäuschenden Menschen, die sich an anderen Menschen und geteilten Werten schändlich vergangen haben. Ihre Verfehlungen werden ihnen angelastet, als wären sie für das Desaster ganz allein verantwortlich. Sobald eine Idealisierung in sich zusammenfällt, platzen die Blasen und brechen überhöhte Selbstbilder, Fantasien und Vorstellungswelten bei allen Beteiligten zusammen. Folgerichtig breiten sich Verunsicherung, Enttäuschung und Scham aus. Die Nutznießer:innen in der zweiten Reihe wollen von ihren einstigen Vorbildern plötzlich nichts mehr wissen. Es folgen Abwendung, Abgrenzung, Ausstoßung, nicht selten auch Häme. Diese abrupten Gefühlswandlungen lassen die idealisierten Überflieger:innen umso erbärmlicher aussehen (Kap. 4.1). Es ist einfacher, sie zu verurteilen, als Idealisierungen zurückzunehmen, Selbstreflexion zu betreiben und Selbsttäuschung anzunehmen. Diese Dynamik folgt *gemeinsamen* Wünschen nach Anerkennung und Autonomie und mündet in schmerzliche – ebenfalls gemeinsame – Erfahrungen von zuvor ausgeblendeter Abhängigkeit, Begrenzung und Imperfektion.

1.3 Anerkennung in der Leistungsgesellschaft

Kapitalismus als Wirtschafts- und Gesellschaftsordnung kombiniert Kapitalbesitz mit Verfügungsmacht über andere. Ungleichheit, Wettbewerb und Leistungserbringung bilden darin ein Bezugssystem, in dem Individuen ihre Identität profilieren, Autonomie ausbauen, Anerkennung gewinnen sowie materiellen Wohlstand und Sicherheit erarbeiten können. Dementsprechend dreht sich Narzissmus in der Arbeitswelt um Berufsidentität, Leistungserbringung und Karrierepläne. Anerkennung ist an den Anspruch oder Imperativ gekoppelt, dass berufliche Laufbahnen stets nach oben zeigen und mit einem ebenso steten Zugewinn an Geld und Macht verbunden sind. An

Autonomie- und Expansionswünsche gekoppelte Fantasien erzeugen dabei eine Reihe von Effekten: In Bezug auf Karriere, Geld und Macht gibt es keine Obergrenzen. Erfolg, Leistung, Kontrolle, Geld, Macht und materielle Werte werden tendenziell idealisiert. Untätigkeit und Ziellosigkeit sind suspekt und werden entwertet. Schmerzliche Abhängigkeit ist gefürchtet, wie der Teufel das Weihwasser fürchtet. An den Sozialstaat wird die Aufgabe delegiert, Ungleichheit in einem moralisch vertretbaren Rahmen zu halten sowie gescheiterte Individuen aufzufangen und nach Möglichkeit wieder in den Arbeitsprozess zu hieven.

Viele Menschen sehen Arbeit primär im Dienst der Abdeckung individueller, materieller Grundbedürfnisse. Natürlich erfüllt sie eine Reihe weiterer, genauso bedeutsamer Funktionen, die emotionaler Natur sind: der Gewinn von Autonomie, sozialer Einbettung und Sicherheit sowie einer anerkannten, sinnstiftenden Identität. Da die basalen materiellen Bedürfnisse in unserer westlichen Gesellschaft weitgehend garantiert sind, dienen Arbeit und Leistung besonders stark dem Austausch von Anerkennung und der Entwicklung des Selbst via Leistung. Wir leben in einer Leistungsgesellschaft, was die meisten Menschen spätestens mit der Einschulung zu spüren bekommen. Nicht zufällig ist unser Bildungswesen vornehmlich an der Ausbildung von Leistungsfähigkeit orientiert. Wer keinen Beruf erlernt und nicht arbeitet, riskiert, an den Rand der Gesellschaft zu geraten. Arbeitslosigkeit bedroht das biopsychosoziale Wohlbefinden. Arbeit und Karriere gehören neben Familie, Freizeit und Konsum (wobei letztere zwei nicht selten ebenfalls durch und durch leistungsorientiert sind) zu den Grundfesten der Gesellschaft.

Leistungs- und Ergebnisorientierung wie auch Erfolgshunger sind keine überraschenden Werte und Erscheinungen in unserer Gesellschaft. Es muss auch nicht verwundern, dass sie in ihrer Grenzenlosigkeit mitunter absurde Formen annehmen. Sie stehen im Dienst der Angewiesenheit auf Anerkennung und einer steten Furcht vor dem Scheitern und einem Untergang in Bedeutungslosigkeit. Erfolg, Geld und Macht erhöhen Autonomie und Freiheit zweifellos. Doch das Verlangen nach diesen Zielen und ihre Behaglichkeit nähren auch die Illusion, dass die eigene Verletzlichkeit, Unsicherheit, Ohnmacht, Scham und Angst ganz überwunden werden können. Dies kann nicht nur in totale Verausgabung, sondern auch in unverständliches Unbefriedigtsein angesichts von Erfolg münden. In der Leistungsgesellschaft sind Erfolg, Geld und Macht idealisierte Symbole für Autonomie, Freiheit und eine illusionäre *Abwesenheit* von Abhängigkeit. Dabei wird Arbeitsleistung mit Wünschen nach Karriere im Dienst des Gewinns von Ansehen verbunden. Der Glanz von Geld und Macht soll das Individuum auszeichnen und seinen Wert bestätigen. Dies zu wünschen und anzustreben, ist paradoxerweise oft einfacher und angenehmer, als diese Ziele erreicht zu haben und damit zurechtzukommen. Denn hohe Führungspositionen und auch Reichtum können einsam machen und Menschen von zwischenmenschlichen Austauschprozessen abschneiden, die für die emotionale Versorgung relevant sind.

Menschen, die hart arbeiten und Karriere machen, erhalten Anerkennung. Nicht zufällig gilt dies auch für diejenigen, die sich selbst so stark ausbeuten oder ausbeuten lassen, dass sie krank werden und aus dem Arbeitsprozess herauszufallen drohen. Erschöpfungssymptome im Rahmen von Burn-outs erhalten viel positive Aufmerksamkeit, in die sich oft wenig reflektierte Bewunderung für rückhaltlosen Einsatz und Solidarität für angebliche Opfer von Ausbeutungsstrukturen mischen. Auf der einen Seite führt ein Versagen der Selbstfürsorge in ein Burn-out – auf der anderen Seite ist es die Leistungsgesellschaft, die maximale Leistung einfordert, die sie mit Erfolg, Ansehen und Wohlstand zu honorieren verspricht. Auch wenn dieses Versprechen nicht völlig verkehrt ist, taugt es als physikalischer Ursache-Wirkungs-Zusammenhang nur sehr bedingt. Der amerikanische Ökonom Robert H. Frank etwa betrachtet das Gesellschaftsmodell der Leistungsgesellschaft als einen Mythos, der von erfolgreichen Menschen aufrechterhalten wird (Frank, 2016). Er diene dazu, Erfolg als eine Errungenschaft zu legitimieren, die auf Eigenleistung, Disziplin und Fähigkeit basiert und gleichzeitig die unterschätzte

Rolle von glücklichen Zufällen kaschiert. Frank glaubt, dass Erfolg in Wirklichkeit sehr viel mehr mit Glück und Zufall zu tun hat, als uns weisgemacht wird. Seiner Ansicht nach fördert die kausale Verknüpfung von Leistung und Erfolg soziale Ungleichheit und verhindert öffentliche Investitionen und einfache Veränderungen, die mehr Menschen erfolgreicher machen und damit soziale Ungleichheit reduzieren würden.

2 Anerkennung von Abhängigkeit

Die Angewiesenheit auf Anerkennung ist durch und durch menschlich und verursacht nur in übersteigerter oder frustrierter Form gravierende zwischenmenschliche Dissonanzen und Leid. Grundsätzlich ist sie ein hoch funktionales Regulativ, das dem sozial verträglichen Zusammenleben zugrunde liegt: Wenn ich auf Anerkennung anderer angewiesen bin, liegt es in meinem Interesse, diejenigen zu respektieren und anzuerkennen, von denen ich abhänge. Damit wird das Wohlbefinden des:der Einzelnen zu einem sozialen, intersubjektiven Anliegen. Empathie und Rücksichtnahme konkurrieren und übertrumpfen das Recht des Stärkeren. Sobald ein Individuum in der Lage ist, eigene und fremde Bedürfnisse in ihrem Zusammenspiel zu reflektieren, kann es von den Potenzialen sozialer Zusammenschlüsse profitieren, die Entwicklungsräume, Anerkennung, Sinnhaftigkeit und auch Schutz bieten. Darin liegt ein bedeutender Wert von Organisationen, Gesellschaft und Kultur. Sie sind Manifestationen menschlicher Autonomiebedürfnisse; entwicklungsfördernd und einschränkend zugleich.

2.1 Die Bürde schmerzlicher Abhängigkeit

Individualität, Identität, Entwicklung, Motivation, das Erleben von Gefühlen und Sinnhaftigkeit sowie das Wohlbefinden hängen von der Anerkennung durch andere ab. Zu den prekären Bedingungen des Selbstseins gehört die *Angewiesenheit auf Anerkennung*. Individuen können sich nie ganz vom Blick anderer ablösen. Sie sind auf

Rückmeldungen angewiesen. Daher erfordert das Selbstsein die *Anerkennung von schmerzlicher Abhängigkeit.* Die deutsche Sprache gibt uns hier eine nützliche Unterscheidung an die Hand: »Schmerzhaft« bezieht sich auf körperlichen, »schmerzlich« auf seelischen Schmerz. Folgende Grafik veranschaulicht diese Bedingungen (Abb. 3):

Abbildung 3: Anerkennung von Abhängigkeit

Das Verlangen, gesehen, angenommen, emotional versorgt und geliebt zu werden

Neugeborene können ohne emotionale Versorgung weder überleben noch ein Gefühl für sich selbst entwickeln. Dieser Abhängigkeit entspricht das lebenslange Verlangen, von anderen gesehen und geliebt zu werden, um sich selbst sein zu können.

Angewiesenheit auf Anerkennung

Selbstsein, Individualität, Identität und Individuation sind auf die Anerkennung anderer angewiesen.

Beziehung

Wechselseitiges Anerkennen und das Gefühl des Anerkanntwerdens ereignen sich in Beziehungen, die gekennzeichnet sind von Zuwendung, Bewunderung (Wertschätzung), Liebe, Sicherheit und Schutz. Sie verlangen nicht nur die Fähigkeit, sich vertrauensvoll einzulassen, sondern bedürfen – spätestens im Erwachsenenleben – auch der Abgrenzung und des Respekts vor der Autonomie und Abhängigkeit anderer.

Souveräne Autonomie

Das Erleben von Autonomie erlaubt Kreativität, Expansion und lustvolle Erkundung der Welt. Es ist mit angenehmen Gefühlen wie Selbstsicherheit, Selbstwirksamkeit, Eigenverantwortlichkeit, Stolz und Freiheit verbunden. Diese ermöglichen die Ausbildung intrinsischer Motivation und die Fähigkeit, sich Ziele zu setzen, dafür Leistung zu erbringen und sie zu erreichen.

Schmerzliche Abhängigkeit

Die Angewiesenheit auf Anerkennung bedeutet unausweichlich, abhängig und begrenzt zu sein. Die Erlangung fortdauernder Autonomie ist daher eine Illusion. Abhängigkeit und Begrenzung sind zudem wesensmäßig mit Verletzlichkeit, Bedürftigkeit, Unsicherheit, Ohnmacht, Scham und Angst assoziiert. Diese Gefühle sind Ausdifferenzierungen erlebter Abhängigkeit und stets in Beziehungserfahrungen eingebunden (Kap. 3.1). Wenn ich im Folgenden von »schmerzlicher Abhängigkeit« spreche, denke ich sie stets mit.

»Souveräne Autonomie« und »schmerzliche Abhängigkeit« verweisen auf die Auswirkungen von Anerkennung, Wertschätzung und Bewunderung auf das Selbstsein und die Regulation von Beziehungen. Notabene betrachte ich die mit Autonomie und Abhängigkeit einhergehenden Gefühle nicht normativ als von vornherein »positiv«, angenehm, erwünscht oder »negativ«, unangenehm, unerwünscht. Autonomie ist mitunter unwillkommen, belastend und beängstigend, so wie Abhängigkeit auch eine Quelle von intensivem Genuss sein kann.

Anerkennung von Abhängigkeit

Die Angewiesenheit auf Anerkennung und der Respekt vor der Autonomie und Abhängigkeit anderer erfordern die psychisch anspruchsvolle Leistung der Anerkennung von schmerzlicher Abhängigkeit.

Selbstsein

Das Selbstsein wie auch Individualität, Identität und Individuierung sind auf zuverlässige Bindungen, respektvolle Beziehungen und die Anerkennung anderer angewiesen. Von Geburt an definieren Letztere einen Rahmen, der Selbstachtung, realistische Selbstwahrnehmung und -reflexion sowie verantwortungsvolle Selbstbegrenzung erst ermöglicht (Kap. 3 u. 4.1).

Individuen in der Arbeitswelt sind Rollenträger, die als solche Beratungen und Coachings aufsuchen. Ihre Rollen sind Bündel von Aufgaben, Kompetenzen und Erwartungen an der Nahtstelle zwischen Individuum und Organisation (Steiger u. Lippmann, 2013, S. 46 ff.; Lewkowicz u. Neukom, 2019, S. 35 ff. u. 205 ff.). Dementsprechend gehört zu den Aufgaben von Berater:innen, das Zusammenwirken der inneren Bedingungen von Individuen (ihr Selbstsein) und der Bedingungen der jeweiligen Organisationen (Primäraufgabe, Struktur, Rollendefinitionen, Kennzahlen, Systeme, Kultur) zu verstehen und zu fördern (Kap. 5). Die Thematik »Narzissmus in der Arbeitswelt« bezieht sich darauf, wie Individuen bestimmte Gefühle in Organisationen untereinander regulieren und welche Auswirkungen dies auf die Kommunikation, Rollen, Führungsaufgaben, Strukturen, Systeme und Kulturen hat.

> **Das Substrat von Narzissmus**
> Narzissmus reguliert die menschliche *Abhängigkeit von Anerkennung*. Die größte Herausforderung ist, diese *Abhängigkeit anzuerkennen*, also die eigene Verletzlichkeit, Bedürftigkeit, (Selbst-)Unsicherheit, Ohnmacht, Scham und Angst zu erleben und auszuhalten.

Die Bürde des Narzissmus besteht in der Bewältigung der Anerkennung von Abhängigkeit. Das Erleben und die Integration schmerzlicher Abhängigkeit erfordern das Wahrnehmen und Aushalten von (Selbst-)Unsicherheit, Ohnmacht, Scham und Angst. Dies sind hemmende und zunächst unerwünschte Gefühle, die das Selbstsein infrage stellen. Sie sind jedoch wertvoll, weil sie die Außengrenze des Individuums konstellieren. Im Streben nach Individualität und Autonomie macht jeder Mensch nicht nur die Erfahrung, dass er physisch, psychisch und zeitlich limitiert ist, sondern auch, dass er in seiner Angewiesenheit auf Anerkennung von seinen Mitmenschen nicht nur abhängt, sondern auch durch deren Autonomie begrenzt wird. Narzissmus findet daher in der Intersubjektivität, das heißt *zwischen* den Individuen statt. In ihm werden sowohl eigene und fremde Wünsche nach Autonomie als auch schmerzliche Abhängigkeit ausgetauscht und aufeinander abgestimmt. Er ist das Regulativ, das diese unabschließbare Ausbalancierung auf intra- und interpsychischer Ebene ermöglicht.

So sehr ein Individuum nach Erfolg, Glück und Autonomie strebt und diese vielleicht auch erreicht, so sehr ist es darauf angewiesen, die eigenen Grenzen zu erfahren. Wenn es nur Erfolg erlebt, beginnt es, sich ins Unermessliche auszudehnen und sich selbst in der eigenen Fantasiewelt zu verlieren. Es *benötigt* unangenehme, das Autonomieerleben einschränkende Gefühlslagen, Widerspruch und limitierende äußere Bedingungen. Es muss sie aushalten und verarbeiten können, um sich selbst als lebendig zu erleben, realistisch wahrzunehmen und sowohl eigene als auch fremde Grenzen respektieren zu können. Ebenso kann sich kein Individuum restlos in den Schutz von Abhängigkeit und Versorgung begeben. Denn in symbiotischen Verschmelzungen verschwinden das Selbst und das Gegenüber, und die Beteiligten hören auf, Individuen zu sein und Verantwortung zu übernehmen.

Die Aufgabe der Integration schmerzlicher Gefühle steht nicht nur in der Verantwortung einzelner Individuen. Anerkennen und Anerkanntwerden sind Austauschprozesse innerhalb von Beziehungen und Gruppen, die sich häufig in diesem Dienst formieren. Die belastenden Gefühle bedürfen der Wahrnehmung und des Mitgefühls anderer. Doch weil sie so schwer aushaltbar sind, werden sie häufig – von Einzelnen, aber auch kollektiv – versteckt, vermieden oder gar zu eliminieren versucht. Individuen neigen dann zu übertriebener Selbstbezogenheit in Stärke oder auch Hilflosigkeit. Dies führt zu Selbstausbeutung, Überbewertung von Leistung, Erfolg, Geld und Macht, Verantwortungsabgabe oder auch Substanzmissbrauch. In Beziehungen entstehen Konstellationen, in denen typischerweise Vereinnahmungen, Asymmetrien, Täuschungen, Enttäuschungen, Kränkungen, Ausbeutungssituationen, Respektlosigkeiten und Verzerrungen infolge von Idealisierungen und Entwertungen eine Rolle zu spielen beginnen (Kap. 4.1).

2.2 Geld, Macht und die Illusion von Unabhängigkeit

In der Arbeitswelt wird Anerkennung zu einem guten Teil über monetäre Abgeltungen abgewickelt. Ganz besonders ist dies bei den viel diskutierten Boni der Fall. Sie sollen die Leistungsbereitschaft anfeuern und Führungsriege, Unternehmen, Mitarbeiter:innen und Investor:innen in Win-win-Situationen (Glasl, 2013) vereinigen. Die Bonuszahlung verwandelt Anerkennung in eine scheinbar objektive Größe. Sie bedarf keiner weiteren Interaktion, und die Leistungserbringer:innen sind frei, mit dem Geld ihre heimlichen, in Allmachts-

und Verschmelzungsfantasien verankerten Wünsche zu befriedigen (Kap. 3.2). Dass sich diese Form von Anerkennung stark abnutzt und die intrinsische Motivation und Leistungsfähigkeit untergräbt, wird leider häufig missachtet (Lewkowicz u. Neukom, 2019, S. 97 ff.).

Manche Führungskräfte scheinen zu glauben, dass es nicht mehr nötig ist, persönliche Wertschätzung zu geben und Beziehungen aktiv zu pflegen, solange der Arbeitsvertrag eingehalten und der Lohn bezahlt wird. Sie fühlen sich legitimiert, die Leistungsziele emotionslos einzufordern. Höchstens spricht man vom Lohn als »Schmerzensgeld« (oder vom »Golden Parachute« im Fall einer Kündigung) und rechtfertigt damit Empathie- und Respektlosigkeit, Ausnutzung, Ungerechtigkeit oder auch Gier. Dies sind Effekte einer unreflektierten Gleichsetzung von Anerkennung und Geld. Sie unterschlägt, dass Wertschätzung, Respekt, Vertrauen, Glaubwürdigkeit primär in Beziehungen stattfinden, die nach persönlichem, emotionalem Engagement verlangen und freilich nicht so viel Autonomie beinhalten, wie es der Besitz von Geld suggeriert (Lewkowicz u. Neukom, 2019, S. 103 ff.).

Obschon Geld als Summe objektiviert werden kann, bleibt es eine höchst subjektive Größe. Es nimmt Projektionen auf, die in individuellen Erlebnissen im Zusammenhang mit Knappheit oder Fülle, Sicherheit oder Unsicherheit, Verdienst oder Zufall gründen. Diese mitunter kollektiven phantasmatischen Ausgestaltungen von Geld (Lewkowicz u. Neukom, 2019, S. 108 ff.) gehen in der Regel über die Abdeckung materieller Grundbedürfnisse hinaus und drehen sich um Anerkennungs- und Autonomiewünsche sowie Sicherheitsbedürfnisse jenseits der Käuflichkeit. Es kann auf der einen Seite an private, heimliche und exzessive Fantasieszenarien gebunden werden, die sich um Triumph, Rache oder Wiedergutmachung drehen. Auf der anderen Seite können schiere Summen dazu dienen, Unsicherheit und einen Mangel an Vertrauen entweder zu verbergen oder zu kompensieren:

- Solange ich mich im Schutz meiner Geldanlagen befinde, brauche ich nicht das Risiko einzugehen, mich vertrauensvoll auf andere einzulassen.

- Je mehr Geld ich verdiene, desto mehr Wünsche kann ich mir jederzeit befriedigen, ohne von anderen abhängig zu sein.
- Je mehr Geld ich verdiene, desto besser kann ich mich gegen widrige Unvorhersehbarkeiten schützen.
- Je mehr Geld ich spare, desto größer ist mein Machtpotenzial.
- Was ich jetzt an Ungemach und Erniedrigung auf mich nehme, werde ich später mit der Macht des verdienten Geldes kompensieren.

Wer mit Arbeit reich geworden ist, kann auf Publizität zählen und darf sich öffentlich äußern. Reichtum erhöht die Attraktivität von Menschen und damit ihr Ansehen. Erfolgreiche Menschen werden zu allem angehört – unabhängig davon, ob sie etwas zu sagen haben. Doch selbst dies genügt nicht, wie es uns etwa Elon Musk vormacht: Er versucht, immer noch einen Schritt weiterzugehen, indem er buchstäblich nach den Sternen greift (SpaceX) und eine weltumspannende Kommunikationsplattform (X, vormals Twitter) kauft, um sich selbst noch mehr Gehör und Kontrolle zu verschaffen (Fulterer, Keusch u. Schoop, 2023). Ich möchte nicht darüber spekulieren, wie sich dieser Mensch in seiner eigenen Haut fühlt. Wenn ich mich in seinen Reichtum und seine daraus hervorgehenden Aktivitäten und Wortmeldungen einzufühlen versuche, werde ich von einem Gefühl großer Einsamkeit und Verzweiflung beschlichen, als würde es darum gehen, Kränkung, Isolation und Begrenztheit zu kompensieren.

Macht bedeutet, im Besitz von Mitteln und Kräften zu sein, um auf Menschen oder eigenständig ablaufende Prozesse gestaltend Einfluss nehmen zu können. Sie ist an sich weder gut noch böse, auch wenn sie in der Fülle gefährlich wird und dazu verführt, missbraucht zu werden. Macht wird häufig mit Freiheit gleichgesetzt, was, wie beim Geld, leicht zu Komplikationen führt. Sie ist antizipatorisch (d. h. in der Vorstellung) besonders stark mit Selbstwirksamkeit und dem Gefühl von Autonomie verbunden. Eingebunden in folgende Fantasieszenarien ist sie ein hervorragendes Mittel, um schmerzliche Abhängigkeit zu verleugnen und andere mit dem eigenen Handeln bewusst oder unbewusst für eigene Zwecke zu benutzen:

- Je mehr Macht ich habe, desto weniger muss ich mir von anderen Menschen sagen lassen. So werde ich unabhängiger, um meine Selbstverwirklichung voranzutreiben.
- Je mächtiger ich bin, desto attraktiver werde ich für andere Menschen, die mich sehen, bewundern, von mir abhängig sind und mir zu Diensten stehen.
- Mit Macht kann ich die Unwägbarkeiten des Zufalls und Schicksals potenziell in Schach halten oder ihnen gar ein Schnippchen schlagen.
- Meine Macht kaschiert meine eigenen Unsicherheiten, Schwächen und Fehler.
- Je mehr ich mich jetzt für einen nächsten Karriereschritt höheren Mächten unterwerfe und Verantwortung für mein eigenes Handeln abgebe, desto ungehemmter kann ich später meine Macht ausleben und mich über alle anderen erheben.

Der letzte Punkt berührt die naiv anmutende Idee des »effective altruism«, der sich auch Bankman-Fried (in seiner Luxusvilla auf den Bahamas) und Ellison (Kap. 1.2) verpflichtet fühlten: jetzt um jeden Preis sehr viel Geld zu verdienen, um später nur noch Gutes zu tun und die Welt gerechter und sozialer zu machen. Ganze Arbeitsfelder sind im Sinne der letzten Formulierung strukturiert. Beispielsweise erfordert die Erlangung einer lukrativen Position als Ärzt:in anfänglich enorm viel Leistung, Unterwerfung und Verzicht. Die Arbeitsbedingungen und der Lohn beginnen sich erst nach vielen Jahren Arbeitstätigkeit zu verbessern und in ein angemessenes Verhältnis zum Aufwand zu setzen. Dies führt dazu, dass die Entscheidungsträger:innen in den Gesundheitseinrichtungen nur wenig Interesse daran haben, das Ausbildungssystem humaner zu gestalten, Einsatz und Honorar kurzfristig besser aufeinander abzustimmen und die autoritären Hierarchien abzuflachen. Obschon sie stark von ihnen abhängen, erleben sie es beispielsweise oft als kränkend und ungerecht, wenn sie Pflege- und andere medizinische Berufe als gleichwertig anerkennen müssen.

Unsere von materiellem Überfluss geprägte Leistungsgesellschaft verführt dazu, Quantität mit Qualität gleichzusetzen. Daher ist es in ihr leicht möglich und doch oft schwer zu verstehen, dass man beruflich maximal erfolgreich sein und dabei gleichzeitig Sinnhaftigkeit, Beziehungsfähigkeit und die psychosoziale Balance verlieren und verzweifeln kann. Dies zu reflektieren und die eigenen Werte zu revidieren, bedingt, die Unstillbarkeit von Wünschen nach Anerkennung sowie die Unvermeidbarkeit von Abhängigkeit akzeptieren zu lernen. Geld, Macht und manchmal selbst Karrieren bedürfen Begrenzungen. Hierzu hat Hans-Jürgen Wirth eine viel beachtete Studie unter dem Titel »Narzissmus und Macht« (Wirth, 2011) vorgelegt. Im Rahmen von vier Fallstudien (Uwe Barschel, Helmut Kohl, Joschka Fischer und Slobodan Milošević) untersucht er die Wechselwirkung zwischen Individuen und ihrer sozialen Umwelt mit ihren jeweiligen ethnischen, religiösen, politischen und kulturellen Konflikten. Obschon er meiner Ansicht nach Persönlichkeitsstörungen zu leichtfertig diagnostiziert, stellt er die Dynamiken zwischen konzentrierter Macht und unsicheren, gekränkten Individuen und Gesellschaften eindrücklich dar.

Das Streben nach Karriere, Geld und Macht hat keinen Endpunkt, weil Anerkennung stets erneuert werden muss. Wenn es der Vermeidung oder Überwindung von Abhängigkeit dient, löst es sich von den ökonomischen und sozialen Fundamenten ab und gerät leicht in die Zone des Illusorischen. Nur solange die Ziele nicht erreicht sind, erzeugt es Ansporn und eine gewisse Befriedigung in der die Wunscherfüllungen antizipierenden Fantasie. Doch weil sich das Gefühl von Sicherheit und Unabhängigkeit nie dauerhaft einstellt, braucht es stets höhere Ziele. Mit zunehmenden finanziellen Ressourcen und größerem Einflussbereich steigt auch die Wahrscheinlichkeit von Missbrauch sowie rücksichtsloser Ausbeutung eigener und fremder Ressourcen. Dann wird das Unbefriedigtsein zu einer unverstandenen Qual und verwandelt sich in Gier und Maßlosigkeit.

3 Die Struktur des Selbst

Die beiden vorangegangenen Kapitel haben den Schwerpunkt auf die intersubjektiven Austauschprozesse im Narzissmus gelegt. Dieses Kapitel wendet sich der intrapsychischen Regulation innerhalb des Selbstseins zu. Dabei erweist sich das Selbst als zwischen Autonomie und Abhängigkeit von anderen gleichsam eingeklemmt. Die Wahrnehmung und das Erleben von sich und anderen, die Gefühle und die Fantasiewelt sind davon geprägt. Selbstunsichere Menschen neigen dazu, schmerzliche Abhängigkeit in ihrem Denken, Fühlen und Verhalten so zu kompensieren, dass ihr Umfeld in Mitleidenschaft gezogen wird.

3.1 Die Entstehung des Selbst

Das Selbst beschreibt sowohl das Bild eines Individuums, das es von sich selbst hat, als auch seine Beziehung zu sich selbst. Es besteht aus Wahrnehmungen, Empfindungen und Identifikationen, die sich sowohl auf den Körper als auch das Seelische beziehen und in deren Zentrum bewusste und unbewusste Gefühle rund um Liebe und Aggression, Autonomie und Abhängigkeit, Macht und Ohnmacht, Sicherheit und Unsicherheit, Stolz und Scham sowie Beruhigung und Angst stehen (Winnicott, 2001, 2012; Abram, 2007). Zusammen mit empirischen Befunden aus der Säuglings- und Bindungsforschung sowie den Neurowissenschaften bilden die psychodynamischen Konzepte rund um das Selbst ein ausgesprochen weites Feld, das hier nur gestreift werden kann (Dornes, 2006; Ermann 2017).

Weil es aus verinnerlichten Beziehungserfahrungen besteht, in die die ersten Pflege- und alle späteren Bezugspersonen eingeschrieben sind, gehört das Selbst dem Individuum niemals ganz allein. Obschon die eigene Individualität im Erleben etwas ganz Eigenes, mitunter Privates repräsentiert, ist sie im Paradox gefangen, auf die Wahrnehmung durch andere, deren Resonanz und Bestätigung angewiesen zu sein. Diese Abhängigkeit von anderen macht seine Bildung und Ausgestaltung von Anfang an prekär. Selbstgefühl und Selbstsicherheit sind stets durch die Autonomie anderer limitiert. Damit wird das Selbst zu einer ans Intersubjektive gebundenen psychischen Organisation, die von Geburt bis zum Tod im Sozialen vernetzt und auf Resonanz in einer fördernden Umwelt angewiesen ist. Individuation wie auch psychische Gesundheit sind auf zuverlässige Bindungen (Fonagy, Gergely, Jurist u. Target, 2008) sowie soziale Erfahrungs- und Resonanzräume (wie etwa an Arbeitsplätzen) angewiesen.

Die Entstehung des Selbst und später des Narzissmus als funktionierendes psychosoziales Regulativ findet in dynamischen und reziproken Abstimmungsprozessen im Sinne einer »lebendigen Anpassung« (Winnicott, 2001, S. 69) statt, in der sich alle Interaktionspartner:innen verändern. In der anfänglichen Mutter-Kind-Einheit sind die Abhängigkeits-, Macht- und Kompetenzverhältnisse offensichtlich stark asymmetrisch verteilt. Das Neugeborene ist darauf angewiesen, dass seine Bedürfnisse und Wünsche nicht zu stark missachtet und enttäuscht werden. Dass es Frustrationen gibt und es schmerzhafte Erfahrungen mit Abhängigkeit, Ohnmacht und Angst macht, steht außer Frage. Zu einem gewissen Grad sind sie sogar notwendig. Es ist nicht Aufgabe der Bezugsperson, perfekt zu sein oder Frustration und Schmerz mit allen Mitteln zu verhindern. Sie ist gefordert, Gefühle so differenziert wie nur möglich wahrzunehmen, adäquat darauf zu reagieren und sie mimisch wie verbal zu spiegeln. In ihrer pflegenden, versorgenden und insbesondere haltenden Funktion soll sie »gut genug« sein, damit die belastenden und konfliktären Emotionen nicht überhandnehmen und die Entwicklung blockieren (»the good-enough mother«; Winnicott, 2012, S. 13).

Winnicott (2001, S. 36 ff.) hat gezeigt, dass für die Entwicklung des Selbst keineswegs nur die Interaktionen zwischen Mutter und Kind relevant sind. Genauso braucht es Momente, in denen nicht interagiert wird. Der springende Punkt dabei ist, dass die Pflegeperson anwesend ist und das Kind in Ruhe lässt. Nur in solchen Phasen des Alleinseins in Anwesenheit der Mutter »kann der Säugling sein personales Wesen entdecken« (S. 42). Hierfür muss die Bezugsperson jedoch selbst fähig sein, ihre Aufmerksamkeit vom Säugling abzulösen und für sich zu sein. Dieses In-Ruhe-Lassen führt zur Ausbildung der Fähigkeit zum Alleinsein (in Gegenwart eines anderen Menschen), welche ein wichtiger Aspekt der Selbstentwicklung auch im späteren Leben ist. Wenn diese Phasen nicht stattfinden oder ständig unterbrochen werden, wird die Entwicklung des Selbstgefühls verzerrt, kommt es zu Fehlanpassungen und ist auch die (spätere) Regulation von Beziehungen und emotionaler Bezogenheit beeinträchtigt.

Nicht zufällig steht am Anfang der Selbstentwicklung eine Krise zwischen Vertrauen und Misstrauen, die im guten Fall zu dem führt, was Erikson als »Urvertrauen« (Erikson, 2021, S. 62 ff. u. 214 f.; Conzen, 2014) bezeichnet: die grundlegende Fähigkeit, sich in die Abhängigkeit anderer zu begeben, sich auf sie zu verlassen und einzulassen. Urvertrauen ist die Keimzelle des stabilen Selbstgefühls. Es kann sich bilden, wenn katastrophale Erfahrungen mit Abhängigkeit und Ohnmacht ausbleiben und sich die nahen Bezugspersonen als ausreichend zuverlässig und liebevoll erweisen. Enttäuschtes Vertrauen führt zu Bindungsunsicherheit, Misstrauen und blockiert die Bildung eines positiven Selbstwertgefühls. Realitätsgerechte Selbstsicherheit, die Fähigkeit, sich auf andere einzulassen sowie Empathie und Selbstreflexion können sich dann nicht ausdifferenzieren. Auch bei Erwachsenen beeinträchtigt Vertrauensmissbrauch das Wohlbefinden, mindert Motivation, Kooperationsbereitschaft und Leistungsfähigkeit.

3.2 Allmachts-, Verschmelzungs- und Untergangsfantasien

Sich selbst als lebendig, bedeutsam und wirksam zu erfahren sowie Emotionen differenziert erleben zu können, ist keine Selbstverständlichkeit. Sie setzen das Erleben von Kontinuität und Kohärenz im eigenen Selbst sowie ein genügend gut ausgebildetes Urvertrauen und Gefühl des Anerkanntseins voraus. Letzteres muss im Lebensvollzug stets erneuert werden und verlangt nach einer fortwährenden Abstimmung zwischen sich und anderen. Diese Abstimmung wiederum erfordert, Respekt vor der Autonomie und Abhängigkeit anderer aufzubringen. Ohne die Fähigkeit, sich selbst zum Objekt der Betrachtung zu nehmen und in Beziehung zu anderen zu setzen, ist dies nicht möglich (Kap. 3.4).

Der Wahrnehmung der äußeren Welt stehen innere Bedingungen gegenüber, die nicht identisch strukturiert sind. Winnicott (2001, 2012; Abram, 2017) geht davon aus, dass sich das (Selbst-)Erleben, Fühlen und Denken in einem Zusammenspiel von Abhängigkeit, Aggression und Separation sowie von Allmachtsfantasien und Desillusionierung ausdifferenziert. Dass ein Säugling sich körperlich und seelisch in einer Situation vollständiger Abhängigkeit und Hilflosigkeit befindet und Untergangsängsten ausgesetzt ist, wurde bereits erwähnt (Kap. 1.1). Seine frühesten Fantasien drehen sich – im Kontrast zur äußeren Abhängigkeit – um die Illusion von Allmacht, welche die Ohnmacht in der Vorstellung kompensiert: »Alles Gute, das mir geschieht, habe ich selbst erschaffen und kann ich kontrollieren. Die Welt existiert zu meinen Diensten.« Die Fähigkeit der ersten Pflegepersonen, sich an seine Bedürfnisse anzupassen und sie zu befriedigen, lässt diese Illusion zunächst bestehen, wodurch die entsprechenden Interaktionen und deren emotionale Qualität (also auch die Gefühle und Stimmungen der Pflegepersonen) verinnerlicht werden. Alles zusammen bildet die Grundlage, auf der sich das Kind dem Spiel und der Erwachsene dem Fantasieren hingibt.

Am Anfang der psychischen Entwicklung stehen somit *Allmachtsfantasien* rund um uneingeschränkte Selbstwirksamkeit, Größe und

Unsterblichkeit. Sie erzeugen (aktive) Wünsche nach absoluter Autonomie und grenzenloser Leistungsfähigkeit sowie Selbstbilder von Großartigkeit und Liebeswürdigkeit. Befriedigungs- und Frustrationserfahrungen bilden zudem *Verschmelzungsfantasien* aus, die sich um illusionäre Sicherheit und vollkommene Geborgenheit drehen. Die damit verbundenen (passiven) Wünsche nach Geliebtwerden, Wonne, Ekstase zielen ebenso auf Unsterblichkeit und Zeitlosigkeit ab. In ihnen ist das Individuum allerdings nicht ein souveränes Lust- und Machtzentrum, sondern es löst sich in Glückseligkeit auf.

Im Zentrum der Ausbildung von Urvertrauen und des Gefühls, lebendig und real zu sein, befindet sich ein illusionärer Kern, zu dem sowohl Allmachts- als auch Verschmelzungsfantasien unabdingbar gehören. Beide Quellen nähren und prägen das Erleben von Selbstwirksamkeit und sich selbst in Beziehungen über die ganze Lebensspanne hinweg.

Weil das Neugeborene jedoch nicht nur angenehme Erfahrungen macht, gesellen sich zu den Allmachtsfantasien bald auch angstbesetzte *Untergangsfantasien:* Vorstellungen des Ausgeliefertseins, von Hilflosigkeit, Kontrollverlust, Bedeutungs- und Wertlosigkeit sowie des Verlassenseins. Daran schließt sich das Erleben von Unsicherheit, Ohnmacht und Scham an. In späterer Ausdifferenzierung kommen Hass, Eifersucht, Neid, Häme, Rachefantasien hinzu. Diese Gefühle sind im Grunde alle mit Angst unterlegt, die der Prototyp aller Unlust- und Schmerzgefühle ist (Neukom, Lewkowicz u. West-Leuer, 2021). Es sind nicht abstrakte, kognitive Vorstellungen, sondern an das Erleben und Erinnern gebundene konkrete Situationen, in schmerzhafter An- oder Abwesenheit bedeutsamer anderer. Erst viel später – sofern sie von den Bezugspersonen adäquat gespiegelt und benannt werden – finden sie den Weg in die Sprache und können durch verbalisierendes Teilen und auch durch Umformungen in der Erinnerung weiterbearbeitet werden.

Die Vorstellungen von sich selbst lösen sich somit niemals ganz von illusionären Allmachts-, Verschmelzungs- und Untergangsfantasien. Sie sind wichtige Treiber für Kreativität und Motivation, ermöglichen es dem Individuum, über sich selbst hinauszuwachsen, und mahnen es zu Vorsicht, Demut und Selbstbegrenzung. Insbesondere die Allmachtsfantasien eignen sich hervorragend, um schmerzlichen Gefühlen von Abhängigkeit, Enttäuschungen, Kränkungen, Beschämung und Gefühlen von Verlorenheit wenigstens vorübergehend zu entrinnen.

Das Zusammenspiel der Allmachts- und Untergangsfantasien, ihre Einbettung in Beziehungen sowie die Begrenzungen der Außenwelt (körperlich, zeitlich, physikalisch) konstituieren das Selbst. Ein Individuum ohne Grenzen – allmächtig oder verschmolzen – kann sich selbst nicht erfahren. Abhängigkeit und Begrenzung erzeugen zwar Widerwillen und Leid, sind aber nicht *per se* schlecht. Zu glauben, sie ließen sich ganz vermeiden oder das Glücklichsein würde von ihrer Abwesenheit abhängen, sind ein verständlicher Wunsch, eine ubiquitäre Fantasie und ein starker Motivator. Im zu lebenden und gelebten Leben sind sie allerdings eine Illusion. Daher ist es so wichtig, dass sie erlebt und beachtet werden können, wozu Selbstkenntnis und die Fähigkeit zur Selbstreflexion notwendig sind (Kap. 3.4).

3.3 Intrapsychische Integrationsleistungen

Auf intrapsychischer Ebene sind folgende drei Leistungen oder Anforderungen an das Individuum beteiligt (Abb. 4, siehe S. 40): die Anerkennung schmerzlicher Abhängigkeit und Begrenztheit, die Ausbalancierung von Allmachts-, Verschmelzungs- und Untergangsfantasien sowie die Fähigkeit zur Selbstreflexion. Je stärker sie ausdifferenziert sind, desto integrierter ist das Selbst.

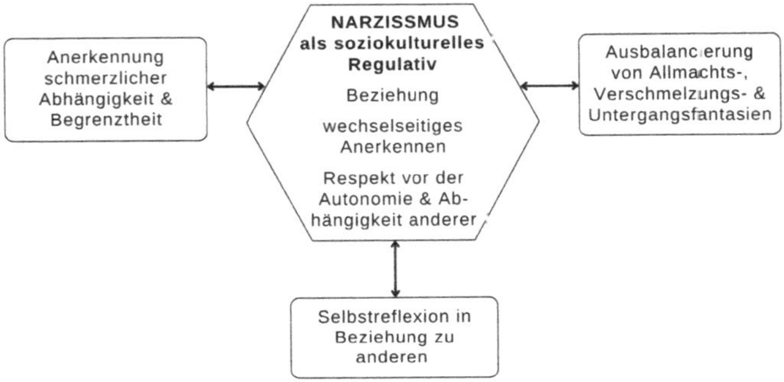

Abbildung 4: Intrapsychische Integrationsleistungen

Anerkennung schmerzlicher Abhängigkeit und Begrenztheit

Diese Anforderung findet im Rahmen des Erlebens, Aushaltens und psychischen Verarbeitens unvermeidlicher Bedürftigkeit, (Selbst-) Unsicherheit, Ohnmacht, Scham und Angst statt (Kap. 2.1). Sie ist verbunden mit der Fähigkeit, zu vertrauen und Vertrauen aufzubauen sowie Enttäuschungen auszuhalten. Davon wiederum hängt die Glaubwürdigkeit und Integrität der eigenen Person ab (Lewkowicz u. Neukom, 2019, S. 195 ff.).

Ausbalancierung von Allmachts-, Verschmelzungs- und Untergangsfantasien

Diese psychische Leistung findet zunächst innerhalb des Selbst statt und bezieht sich auf Selbstwahrnehmung, Selbstwirksamkeit und Selbstachtung. Genauso relevant ist sie jedoch auch in Beziehungen, das heißt in Bezug auf Vorstellungen über Gefühle, Gedanken und Motive anderer. Schließlich betrifft sie auch das Verhältnis zur physikalischen Außenwelt: im Kontext von Arbeit insbesondere Leistung, Erfolg, Eigentum, Geld und Macht.

Während Allmachtsfantasien grenzen- und rücksichtslos expansiv sind, tendieren Verschmelzungsfantasien zu respektlosen Vereinnahmungen. Untergangsfantasien schließlich können in erlernte Hilflosigkeit oder erbarmungslose Notwehr münden. Die Ausbalancierung dieser Fantasien untereinander kann nicht ohne die realitätsgerechte Wahrnehmung und Integration der Innen- und Außenwelt sowie Empathie geschehen, was auf die menschliche Angewiesenheit auf Anerkennung verweist.

Fähigkeit zur Selbstreflexion

Das fortwährende, angemessen auf die äußere Realität abgestimmte Wahrnehmen von sich selbst ist notwendig, um im Narzissmus als soziokulturellem Regulativ bestehen zu können. Dies ermöglicht dem Individuum Autonomie, Eigen- und Selbstständigkeit, das Alleinsein und nachhaltige Selbstfürsorge sowie die Abstimmung von Gefühlen in Beziehungen (Bezogenheit), Empathie, Rücksicht wie auch Durchsetzung und ein angemessenes Streben nach Anerkennung. Im Kontext von Arbeit dreht sich Selbstreflexion insbesondere um Motivation, Leistung, Wohlbefinden, Selbst(un)sicherheit sowie den begrenzenden Umgang mit Leistung, Geld, Macht und schmerzlicher Abhängigkeit (Kap. 2.2, 3.4, 5.2 u. 5.4).

Ein gut integriertes Selbst ist im Rahmen der Integration dieser Dimensionen in der Lage, Verführungen stand- und Versagungen auszuhalten. Individuen mit gut integriertem Selbst sind daher auch zu wechselseitiger Anerkennung und Respekt vor der Autonomie und Abhängigkeit anderer fähig. Ihre Partizipation am Narzissmus als soziokulturellem Regulativ ist konstruktiv. Individuen mit gering integriertem Selbst neigen zu selbst- und fremdschädigenden Kompensationen und Idealisierungen sowie der Ausbildung von Krankheitssymptomen. Sie stören oder schränken die Funktionstüchtigkeit des Narzissmus als Regulativ ein.

Die Ausprägungen »gut integriert« und »gering integriert« sind Pole eines Kontinuums (Arbeitskreis OPD, 2006, S. 256 ff.). Es gibt kein »perfekt« integriertes, wohl aber ein »desintegriertes« Selbst, dem die Kohärenz fehlt und das von Emotionalität überflutet wird. Integration ist über die Zeit hinweg nicht stabil, und die zugehörigen Variablen müssen immer wieder neu zueinander in Verbindung gebracht und ausbalanciert werden. Dies geschieht im Rahmen einer permanenten Auseinandersetzung mit der Innen- und Außenwelt. Folgende Grafik (Abb. 5) veranschaulicht das Selbst zwischen guter und geringer Integration.

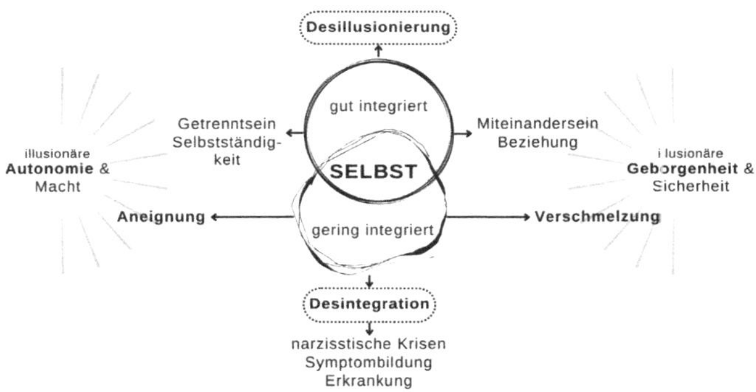

Abbildung 5: Integrationsgrade des Selbst

Das gut integrierte Selbst

Eine gute Integration des Selbst erlaubt sowohl das Getrennt- als auch Miteinandersein und damit sowohl Selbstständigkeit als auch Beziehung und Bezogenheit. Allmachts-, Verschmelzungs- und Untergangsfantasien sind als Quellen von Kreativität und als Warnsignale nützlich, ohne dass sich das Individuum von ihrem illusionären Charakter blenden oder verführen lässt. Es kann mithilfe von Wunsch- und Katastrophenfantasien adäquat mit der Außenwelt interagieren und ist fähig zu (Selbst-)Beschränkung und Verzicht.

Dafür muss es zur Desillusionierung fähig sein: der Fähigkeit zur Anerkennung von Abhängigkeit, Limitation, Schwäche, Zeit und Tod, ohne gleichzeitig Wünsche, Ziele, Visionen und Ideale preiszugeben und in Enttäuschung, Mutlosigkeit, Gleichgültigkeit oder gar Depression zu versinken. Dazu gehören beispielsweise die illusionslose Akzeptanz der eigenen Abhängigkeit von Anerkennung, das Streben nach Perfektion, ohne der Illusion von Vollkommenheit zu erliegen, die Fähigkeit zu scheitern, ohne alles hinzuwerfen, wie auch die Fähigkeit, *heute* ausgelassen zu feiern und *morgen* betrauern zu können, dass das Fest vorbei ist. Desillusionierung in dieser Sicht bedeutet Lebendigkeit unter Anerkennung der (ab)laufenden Zeit.

Das gering integrierte Selbst

Ein Individuum mit gering integriertem Selbst scheitert an den genannten Integrationsaufgaben und unterliegt den Verführungen illusionärer Macht, Expansion und Sicherheit. Im Dienst der Befriedigung von Bedürfnissen nach Autonomie und Geborgenheit pendelt es zwischen rücksichtsloser Aneignung und selbstvergessener Verschmelzung (Kap. 4.1). Es kann weder schmerzliche Abhängigkeit anerkennen noch die eigene Fantasiewelt ausbalancieren und in ein adäquates Verhältnis zur Außenwelt setzen. Die Selbstreflexion ist eingeschränkt oder nicht möglich, namentlich wenn es darum geht, sich selbst in Beziehung zu anderen und deren Autonomie- und Abhängigkeitsbedürfnissen zu setzen.

Selbstunsicherheit sowie Abhängigkeit von und Bedürftigkeit nach emotionaler Versorgung sind groß, aber nicht zwingend bewusst. Die Fähigkeit zu vertrauen ist eingeschränkt. Es gibt eine ausgeprägte Furcht vor Wert- und Bedeutungslosigkeit, vielleicht sogar Selbsthass. Man muss von intensiven unbewussten Gefühlen von Scham, Ohnmacht, Angst, Verlassensein und Leere ausgehen. Misstrauen, Verachtung, Eifersucht, Neid, Missgunst sind wahrscheinlich. Das Anerkennungsbedürfnis ist drängend und wird als unstillbar erlebt. Das Innenleben ist ausgefüllt mit bewussten und unbewussten Allmachts-, Verschmelzungs- und Untergangsfantasien, die das Individuum obsessiv belagern und auch quälen. Sowohl das

Alleinsein als auch die Teilnahme an Gruppen ist schwierig. Aus Sicht Außenstehender wirkt die Wahrnehmung der äußeren Realität unvollständig und verzerrt und das Verhalten nicht adäquat darauf abgestimmt.

Im Verständnis von Narzissmus als Krankheit (vgl. etwa Walter u. Bilke-Hentsch, 2020) dominieren die beschriebenen Verarbeitungs- und Kompensationsstrategien nicht nur, sondern die aus Selbstunsicherheit entstandene forcierte Selbstbezogenheit ist zu einem Teil des Charakters geworden. Die Verarbeitungs- und Kompensationsstrategien sind derart habitualisiert, dass sie als selbstverständlich, stabil und konsistent erlebt werden. Jedes Hinterfragen dieser Bestandteile des Selbstbildes und der Identität wird sorgsam vermieden, weil es eine empfindliche Verunsicherung nach sich ziehen würde.

Wenn die Verarbeitungsstrategien zusammenbrechen, werden in der Regel die Kompensationsstrategien intensiviert (Kap. 4.1). Wenn sie nicht mehr funktionieren, entweder weil sie überzogen wurden oder weil in Mitleidenschaft gezogene Mitmenschen intervenieren, kommt es zu narzisstischen Krisen. Sie zeugen von einer Desintegration des Selbst, in der das Denken, Fühlen und Erleben beeinträchtigt werden. Deutlichste Anzeichen einer solchen Krise sind ein Verlust von Sinnhaftigkeit und ein Ausbreiten von Leeregefühlen.

Narzisstische Krisen gehen mit einem ganzen Katalog von Erscheinungen einher: irritierende Einbrüche der Motivation, Verstimmungen, Gefühlsschwankungen, Niedergeschlagenheit, Schlaflosigkeit, Gekränktsein, Wut und Rachefantasien, Enttäuschung, Ressentiment, Rückzug, destruktive Verhaltensweisen, selbstschädigendes Verhalten, Hilflosigkeit und Passivität, zunehmende emotionale Bedürftigkeit und Abhängigkeit, Ausbreitung von Angst, von Gefühlen des Verlassenseins sowie innerer Leere.

In Trennungssituationen (im Privat- oder auch im Arbeitsleben), in denen wichtige emotionale Bindungen aufgelöst werden, sind narzisstische Krisen erwartbar und mitnichten krankhaft. Auch in der Lebensmitte sind sie häufig, wenn das inakzeptable Erleben von Begrenzung unabweisbar wird. Sie können allerdings lebensgefährlich sein, besonders wenn es zu einer Überflutung von bisher verleugneten Ohnmachts- und Schamgefühlen kommt. So paradox es klingen mag, besteht manchmal der einzige Ausweg zur Rettung des Selbst darin, im Rahmen einer letzten noch möglichen eigenständigen Handlung Suizid zu begehen.

Behandlungsbedürftigkeit ist dann gegeben, wenn exzessive Allmachts- oder Ohnmachtsfantasien, Dissoziation (Abspaltung von Gefühlen), ausgeprägte Suchtmuster, inkohärente, (selbst)destruktive Verhaltensweisen, Angst- und Panikattacken, chronische Schlafstörungen, anhaltende Hilflosigkeit, Lähmung, Passivität, Apathie, Depression, chronische Gefühle der Leere, Selbstverletzungen, Suizidgedanken oder gar suizidale Handlungen beobachtbar sind. Diese Symptome sind in der herkömmlichen Literatur zum Narzissmus hinlänglich beschrieben und verlangen letztlich nach einer Beurteilungskompetenz, die Fachpersonen vorbehalten ist (Kap. 5.3).

3.4 Selbstreflexion und Selbstkenntnis

Selbstreflexion steht im Dienst wichtiger psychischer Anforderungen wie der Fähigkeit, sowohl allein und getrennt als auch miteinander und in Beziehung sein zu können (Abb. 4). Sie entsteht erst ungefähr im vierten Altersjahr mit der Reifung des explizit-deklarativen Gedächtnisses und der Ausbildung der Mentalisierungsfähigkeit (Ermann, 2017, S. 81 ff.; Fonagy et al., 2008). Sie ermöglicht das intrapsychische Prozessieren von auf die eigene Person bezogenen Zweifeln und schmerzlicher Abhängigkeit. Mit ihrer Hilfe können Selbstbilder, Überzeugungen und Werte angesichts innerer und äußerer Konflikte hinsichtlich ihrer Angemessenheit gegen innen und nach außen überprüft und modifiziert werden.

In unserer westlichen Gesellschaft und Arbeitswelt spielt Selbstreflexion in der Entwicklung des Selbst und der Identität eine Schlüsselrolle. Während Jugendliche und Adoleszente zunächst zu einer vergleichsweise wenig reflektierten Exploration der Welt tendieren, wird Selbstreflexion bei jungen Erwachsenen im Zuge von Verantwortungsübernahmen in Beruf und Familie zunehmend bedeutsam. In der Lebensmitte ist die Fähigkeit, das eigene Selbstbild und den eigenen Lebensentwurf einer selbstkritischen Revision zu unterziehen, oftmals geradezu überlebensnotwendig. Einhergehend mit den körperlichen Einschränkungen des Alters schließlich wird die Möglichkeit, den inneren Raum selbstreflexiv zu bewahren, zur vielleicht wichtigsten Ressource im Dienst der Aufrechterhaltung von Autonomie, Lebensqualität und psychischer Gesundheit.

In der Arbeitswelt wird Selbstreflexion häufig verkürzt als ein privates Nachdenken über sich selbst behandelt, als sei man frei, sich selbst zu definieren und zu verwirklichen, und als könne man diese Definition ständig ausbauen und erweitern. Selbstreflexion ist kein Aufstapeln von Wissen, sondern ein stets beunruhigendes Nachdenken über sich selbst. Denn echte Selbstreflexion versetzt jeden Menschen in ein mehr oder weniger spürbares, potenziell gravierendes Dilemma zwischen Selbstvergewisserung und Selbstverlust (Lewkowicz u. Neukom, 2019, S. 133 ff.).

Um über mich selbst nachdenken zu können, muss ich eine Position einnehmen, aus der ich mich von außen sehe. Bin ich nun die Person, die ich sehe, oder diejenige, die mich sieht? »Je est un autre« (dt.: »Ich ist ein anderer«) schrieb Rimbaud 1871 in seinem berühmten zweiten Seher-Brief (Rimbaud, 2020). Der französische Psychoanalytiker Jacques Lacan hat herausgearbeitet, wie das Kind zwar jubiliert, wenn es sich im Spiegel erkennt (Lacan, 1949/1996), sich zugleich aber auch von sich selbst entfremdet, da das Spiegelbild eine Täuschung ist. Kurz: Die Einheit des Individuums ist eine Illusion, denn es hört in dem Moment auf, ein »Unteilbares« oder »Einzelding« zu sein, wenn es beginnt, sich selbst zu explorieren. Es ist gespalten und droht, in diesen Spalt hineinzufallen. Gelingende Selbstreflexion bedeutet automatisch die Auflösung vermeintlicher Gewissheiten. Sie erzeugt Selbstunsicherheit, Instabilität und Inkohärenz bis hin zu Selbstverlust. Weil es nicht möglich ist, zu wissen, wer man wirklich ist, benötigt eine sich selbst reflektierende Person Kapazität und Toleranz in Bezug auf Unsicherheit, Scham und Angst.

Glaubwürdige Selbstreflexion ist mit Rückmeldungen und Kritik von außen kombiniert. Daher definiere ich Selbstreflexion als ein nicht abschließbares, *dialogisches* Nachdenken über sich selbst *in Beziehung zu anderen* sowohl auf sachlicher als auch auf emotionaler Ebene. So kann das Individuum sich selbst, sein Erleben, seine Gefühle, Wünsche, Abhängigkeits- und Autonomieansprüche in ein angemessenes Verhältnis zu anderen setzen. Dies zeigt sich in der Fähigkeit, zu respektieren, dass andere – insbesondere in Konfliktsituationen – ihr eigenes, stets abweichendes Erleben und Fühlen besitzen.

Als wichtigste Funktion ermöglicht Selbstreflexion, sich auf Bezogenheit, also die wechselseitige Abstimmung von Gefühlen, einzulassen. In dem Maße, wie sie die Wahrnehmung von sich selbst schärft, befördert sie auch die Wahrnehmung anderer und die Aufrechterhaltung des Respekts vor ihrer Autonomie. Sie dient dem Ziehen und der Aufrechterhaltung der Grenze zwischen Subjekt und Objekt, die in beide Richtungen durchlässig bleiben muss. Nur so kann es zu Begegnungen mit komplementärem Austausch kommen. Unter dieser Bedingung ist auch erst die Entwicklung von Empathie möglich: Sie bedarf eines stabilen und sicheren Selbst, damit die Gefühle anderer nicht einfach nur übernommen, sondern beim Gegenüber lokalisiert bleiben können. Erst auf der Basis sich gegenseitig bedingender Empathie und Selbstreflexion schließlich sind intendierte, professionelle, emotionale Einflussnahmen (wie etwa auch in der Führungsarbeit) ausreichend geschützt vor bewusster und unbewusster Respektlosigkeit, Übergriffigkeit oder gar Missbrauch.

Selbstkenntnis ist ein Resultat von Selbstreflexion, die in eine Bewusstheit der eigenen Identität und Individualität mündet und sowohl Selbstfürsorge als auch das Setzen von Grenzen ermöglicht. Je differenzierter die Selbstkenntnis ist, desto differenzierter werden auch die Wahrnehmung anderer, der Austausch von Anerkennung und die Regulation von Gefühlen in Beziehungen.

Wie gut kennen Sie sich?

Die folgenden offen gestellten Fragen sollen Sie anregen, in diesem Rahmen über sich selbst nachzudenken. Sie zielen darauf ab, die nie abschließbare Exploration von Selbstbildern sowie Erfahrungen mit Autonomie und schmerzlicher Abhängigkeit zu fördern:

- Wer sind Sie?
- Fühlen Sie sich lebendig?
- Worauf sind Sie stolz?
- Wann haben Sie das letzte Mal geweint?
- Zeigen Sie Ihren Kolleg:innen und Freund:innen, wer Sie sind?
- Sehen Ihre Kolleg:innen und Freund:innen, wer Sie sind?
- Sind Sie sich im Klaren darüber, worin Sie von dem Menschen, mit dem Sie in Partnerschaft leben, abhängig sind? Können Sie mit ihm darüber sprechen?
- Worin fühlen/fühlten Sie sich von Ihren Eltern gesehen und verstanden, worin nicht?
- Was bedeutet Ihnen Ihr Beruf? Entspricht er Ihnen?
- Was lieben Sie an Ihrem Job, was hassen Sie an ihm?
- Von wem fühlen Sie sich gefördert, wer behindert Sie bei der Arbeit? Warum?
- Welche Erfahrungen mit Macht und Ohnmacht haben Sie in Ihrem Leben gemacht?
- Gibt es Verbindungen zwischen Ihren persönlichen Erfahrungen mit Autoritäten und der Art und Weise, wie Sie als Führungskraft oder Berater:in wahrgenommen werden?
- Was fällt Ihnen leichter: Lob anzunehmen oder Lob zu geben?
- Wie würden Sie Ihr Verhältnis zu Geld beschreiben?
- Was passiert mit Ihnen und Ihren Gedanken, wenn Sie an Grenzen stoßen und scheitern?
- Haben Sie Schwächen? Sind sie Ihnen manchmal peinlich? Wie gehen Sie mit ihnen um?
- Erinnern Sie sich an eine Situation, in der Sie sich geschämt haben? Beschreiben Sie in eigenen Worten, wie es sich angefühlt hat.

- Wann haben Sie sich das letzte Mal richtig frei und ungebunden gefühlt?
- Was möchten Sie in Ihrem Leben unbedingt noch erreichen?

Das Dilemma zwischen Selbstvergewisserung und Selbstverlust macht nachvollziehbar, warum sich Menschen vor Selbstreflexion und Selbstkenntnis scheuen, ohne dies jedoch klar ausdrücken zu können. Die Zuwendung der Aufmerksamkeit auf die eigene Person kann verwirrend, verunsichernd und tief beschämend sein und einem die Sprache verschlagen. Darum ist es auch wichtig zu verstehen, dass manche Menschen einfach unfähig zu differenzierter Selbstreflexion sind, ohne dass sie deswegen krank würden oder kein gelingendes Leben führen könnten. Für Führungspositionen in der heutigen, auf Partizipation und Austausch auf Augenhöhe bedachten Arbeitswelt sind sie allerdings schlecht geeignet. Doch selbst wenn niemand zu Selbstreflexion und Selbstkenntnis gezwungen werden kann, können sie gefördert werden (Kap. 5.4).

4 Zwischenmenschliche Regulationsmuster

Schmerzliche Abhängigkeit und Lebensereignisse wie Trennungssituationen oder Scheitern (etwa im Rahmen einer Kündigung, einer verweigerten Beförderung oder eines Konkurses) gefährden die Integration des Selbst auf jedem Niveau. Sie mobilisieren Gegensteuerungs- und Kompensationsimpulse im Dienst der Aufrechterhaltung von Selbstsicherheit und Selbstwirksamkeit. Sie erzeugen eine innere Not und Unsicherheit, die nachvollziehbarerweise zu überzogener Selbstbezogenheit und einer Einschränkung der Rücksichtnahme auf andere führt. Dies sind grundsätzlich keine pathologischen Prozesse, sondern zunächst einfach Bewegungen auf dem Kontinuum zwischen guter und geringer Integration.

4.1 Kritische Verarbeitungs- und Kompensationsstrategien

Selbstunsicherheit, Ohnmacht, Scham und Angst gehören nicht nur unabdingbar zum Selbsterleben, sondern konstituieren es auf unbewusster Ebene sogar zu einem guten Teil. Die Frage ist, wie sie psychisch verarbeitet werden und ob sie erlebt werden können. Bekannt ist eine Reihe von intrapsychischen Bearbeitungsstrategien, die den Schmerz vermeiden oder gering halten und damit helfen, das psychische Funktionieren – also das Fühlen, geordnete Denken und sozial verträgliche Handeln – aufrechtzuerhalten: Verdrängung, Rationalisierung, Projektion etc. (Mentzos, 2013, S. 45 ff.). In der Psychoanalyse tragen sie den leider etwas suggestiven Namen »Abwehrmechanismen« (Freud, 1936/1984; Mentzos, 2013, S. 45 ff.), als wären sie falsch oder krankhaft. Tatsächlich sollten sie neutral als Fähigkeiten oder »Modi der Verarbeitung« (Mentzos, 2013, S. 45 ff.) verstanden werden. Selbst wenn sie mit dem Preis einer mehr oder minder starken Verzerrung des Denkens und der Wahrnehmung der äußeren und inneren Realität einhergehen, stehen sie konstruktiv im Dienst der Aufrechterhaltung des psychischen Gleichgewichts.

Im Kontext der Integration von Selbstunsicherheit sind besonders die intrapsychischen Strategien Idealisierung, Entwertung, Spaltung, projektive Identifizierung und Externalisierung sowie Strategien von Aneignung und Verschmelzung relevant. Die Abbildung 6 zeigt, wie diese Verarbeitungs- und Kompensationsstrategien die Gefühls- und Fantasiewelt mit dem Denken, Kommunizieren und Handeln im Narzissmus verbinden.

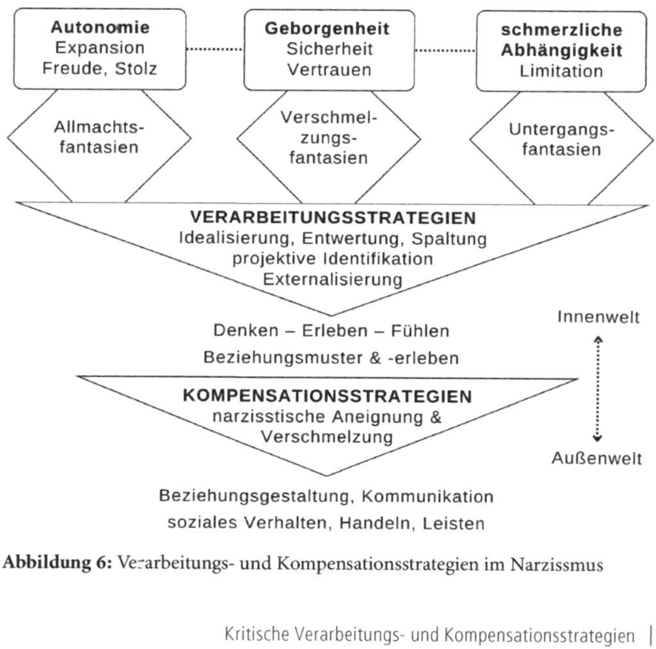

Abbildung 6: Verarbeitungs- und Kompensationsstrategien im Narzissmus

Idealisierung und Entwertung

Idealisieren ist ein *aktives,* tendenziell unrealistisches Überhöhen von Personen, Gegenständen, Aktivitäten und Zielen. Idealisierungen werden von Allmachtsfantasien genährt. Popstars, erfolgreiche Sportler:innen und CEOs werden kollektiv idealisiert und lassen sich oft auch nur zu gerne idealisieren. In der Führungstätigkeit oder in Teams ist es manchmal angezeigt, Ziele und Visionen bewusst zu überhöhen, um maximale Motivation und Leistungsbereitschaft zu mobilisieren. Die Frage ist jedoch stets, ob die Realität ausreichend im Blick gehalten wird und ob Desillusionierung möglich ist.

Entwerten ist ein *aktives,* tendenziell unrealistisches Absprechen von Wert. Es dient dazu, sich selbst schadlos zu halten, und ist oft Ausdruck innerer Bedrängnis oder Not, vielleicht auch der Abwehr von Schamgefühlen. In Situationen von Rivalität werden Konkurrent:innen aktiv heruntergemacht, um den eigenen Wert zu erhöhen. Arroganz ist weniger Selbstsicherheit als die Entwertung anderer, welche leicht in ein Ausschließen, Zurückweisen, Degradieren und Erniedrigen mündet.

Idealisierungen wie auch Entwertungen verführen dazu, sich Illusionen (Selbsttäuschungen) hinzugeben. Sie bilden zudem ein Paar: Wo idealisiert wird, wird auch entwertet (und umgekehrt). Die Leistungsgesellschaft neigt beispielsweise dazu, Erfolg durch Leistung zu idealisieren und müßige Tagträume zu entwerten.

Spaltung

Wenn Idealisierungen und Entwertungen ausgeprägt sind, gibt es kein Sowohl-als-auch mehr, sondern nur noch ein Entweder-oder. Das idealisierte Erwünschte und das entwertete Gefürchtete werden aktiv so weit auseinandergehalten, dass Erleben und Denken nur noch in Schwarz-Weiß-Mustern funktionieren. Dann werden andere Menschen in allem, was sie tun, als entweder »gut« und wohlgesinnt erlebt oder als »böse« und feindselig bekämpft. Spaltungen haben die Aufgabe, das Selbst vor einem drohenden Untergang zu bewahren. Sie können daher in Individuen und Gruppen fürchterliche Aggressionen und Destruktivität freisetzen. Wenn sie in zwischenmenschlichen Konfliktsituationen nicht abgebremst werden können, ziehen sie Arbeitskolleg:innen oder Berater:innen in unheilvolle Dynamiken hinein und eskalieren unweigerlich in Lose-lose-Situationen (Glasl, 2013). Die Trias Idealisierung – Entwertung – Spaltung hat starken Einfluss auf die Selbst- und Fremdwahrnehmung. Ihre Einschätzung ist ein Schlüssel für das Erkennen narzisstischer Dynamiken (Kap. 5.1).

Projektive Identifizierung

Projektive Identifizierung ist eine Form der Abspaltung von Affekten, also angeborenen Emotionen, die mit intensiver körperlicher Aktivierung einhergehen und weit vor dem Spracherwerb auftreten (Hinshelwood, 1993, S. 263 ff.). Diese Emotionen sind es, die eine Pflegeperson beim Säugling wahrnehmen und adäquat mitregulieren muss, damit er sich psychisch entwickeln kann (Kap. 3.1). In projektiven Identifizierungen werden sie in einem unbewussten Prozess ausgelagert nach dem Muster: »Fühle dich, wie ich mich fühlen würde, wenn es nicht so unerträglich wäre, es selbst zu fühlen!« Die Inhalte von projektiven Identifizierungen drehen sich um Ohnmacht, Wut, Verlassensein, Leere und Angst. Zu Träger:innen von projektiven Identifizierungen werden Lebenspartner:innen, enge Freund:innen, Therapeut:innen und Berater:innen – aber natürlich auch nahestehende Arbeitskolleg:innen und Führungspersonen, von denen sich ein Individuum abhängig fühlt. Sie erleben diese schwer erträglichen Affekte in aller Intensität und versuchen in der Folge oft verzweifelt und unreflektiert, sie wieder loszuwerden. Daraus entstehen eskalierende zwischenmenschliche Konflikte, ohne dass verstanden und aufgelöst werden kann, worum es eigentlich geht: die Schwierigkeit, mit schmerzlicher Abhängigkeit zurechtzukommen.

Externalisierung

In Externalisierungen wird Psychisches, dem das Individuum passiv ausgeliefert ist, in die Außenwelt verlegt, um dort aktiv abgearbeitet werden zu können (Mentzos, 2013, S. 63 f.). Dieser verbreitete Prozess ist eng verbunden mit Kreativität und Kunst. Er kann allerdings groteske Formen annehmen, wenn er zur Regulation eines geringen Selbstwerts eingesetzt wird. Wie etwa bei den »hilflosen Helfern« im Gesundheitswesen (Schmidbauer, 1977). Unternehmerische Spekulationen oder Extremsportarten eignen sich gut, um unerträgliche Gefühle zu externalisieren: »Wenn ich mich in Gefahr begebe, gibt es keine Angst mehr, sondern nur noch Risiken, die ich managen muss« (vgl. Neukom, Lewkowicz u. West-Leuer, 2021). Wenn zudem das Äußere und das Innere nicht sicher voneinander unterschieden sind, verliert die Sprache ihre Symbolfunktion, und Zeichen und Bezeichnetes werden eins: »Geld *ist* Anerkennung«. Externalisierungsprozesse sind für das Verständnis von Kompensationen und im Kontext von Leistung, Geld und Macht besonders bedeutsam (Kap. 2.2).

Die ersten vier Verarbeitungsstrategien – und je nach Ausprägung auch Externalisierungen – halten das psychische Gleichgewicht mit eher drastischen Maßnahmen aufrecht. Generell lassen sie auf starke, unbewusste Affekte (Freude, Angst, Traurigkeit, Wut) und wenig differenzierte Gefühle (Unsicherheit, Ohnmacht, Scham, Furcht; zur Unterscheidung von Angst und Furcht vgl. Neukom, Lewkowicz u. West-Leuer, 2019, S. 11) sowie unsichere Bindungen und ein nicht besonders gut integriertes oder situativ stark bedrängtes Selbst schließen. Sie führen dazu, dass das Denken undifferenziert, die Kommunikation unverblümt, die Berücksichtigung der Realität mangelhaft und das Handeln impulsiv wird. In zwischenmenschlichen Situationen erzeugen sie leicht Verständigungsschwierigkeiten sowie offene oder verdeckte Konflikte, die sich um Rivalität drehen. Weil sie Komplexität reduzieren, können sie manchmal jedoch auch passend und zielführend sein.

Nun lassen sich die psychischen Hintergründe der Kompensationsstrategien der narzisstischen Aneignung und Verschmelzung besser verstehen (Altmeyer, 2004, S. 165 f.; Abb. 6): Sie versuchen, Gefühle fehlender Anerkennung, mangelnder Autonomie und Selbstwirksamkeit sowie übermäßiger schmerzlicher Abhängigkeit oder eingeschränkten Lebendigseins auszugleichen. Vorzugsweise geschieht dies auf der Ebene der Beziehungsgestaltung. Sie umfassen aber auch kompensatorische Verhaltensweisen, die das Selbstsein zu komplettieren versuchen.

Narzisstische Aneignung

Aneignung zielt darauf ab, andere in Abhängigkeit zu bringen. Sie ist zupackende Aktivität, Inbesitznahme, Vereinnahmung, Bemächtigung: der Gegensatz zu Ohnmacht, Verlust und Verlassensein. Narzisstische Aneignungsstrategien basieren auf Allmachtsfantasien und illusionärer Autonomie. Sie forcieren Unabhängigkeit und Selbstsicherheit mit blendenden Leistungen, Idealen und Visionen. Sie zielen auf Glanz und Größe, die den Blick anderer auf sich ziehen und gefangen halten. Erfolg, Geld und Macht, aber auch Arroganz, Entwertungen, Wut und Hass im Angesicht von Einschränkungen schützen das unsichere Selbst. Empathie und die Empfindung von Scham sind eingeschränkt. Gegenüber Kränkungen gibt es eine hohe Empfindlichkeit mit einer starken Neigung zu Ressentiments.

Weil der Wille zum Erfolg und Sieg in diesen Strategien unbedingt ist, sind sie in der wettbewerbsorientierten Leistungsgesellschaft und in Führungspositionen weit verbreitet und über weite Strecken funktional. Nicht nur in der materiellen Welt, sondern auch in Arbeitsbeziehungen verführen sie jedoch zu hemmungsloser Ausbeutung und grenzenloser Machtakkumulation. Unternehmertum und Führungstätigkeit werden selbstbezogen und setzen am Wert und Glanz der eigenen Person an. Die auf die eigene Person bezogene Wertschätzung darf gerne in unkritische Bewunderung und Idealisierung münden, weil damit Unsicherheiten verborgen bleiben oder überspielt werden können. Gleichzeitig werden Mitmenschen als schwächer, weniger fähig und unselbstständig dargestellt (Kap. 4.2 u. 4.3).

Tiger Woods, ein überragender Exponent der Sportindustrie

Tiger Woods wird als der großartigste Golfer aller Zeiten und einer der reichsten Sportler der modernen Sportgeschichte gefeiert. Doch im Zuge von Enthüllungen zu Affären des verheirateten Vaters kam es 2010 zu einem Skandal und Bruch in seiner Karriere. Es genügte nicht, dass sich der Athlet mehrfach für sein Fehlverhalten entschuldigte und von Turnieren fernhielt. Der Rückzug von Sponsor:innen führte zu geschätzten Aktienverlusten von fünf bis zwölf Milliarden Dollar (Wikipedia, 2023b). Über das Fernsehen gab er kurz darauf bekannt, dass er sich einer Therapie unterzogen habe und zu folgender Einsicht gekommen sei: »I thought I could get away with whatever I wanted to. (…) I felt that I had worked hard my entire life and deserved to enjoy all the temptations around me. I felt I was entitled. Thanks to money and fame, I didn't have to go far to find them. I was wrong. I was foolish« (Wikipedia, 2023b). Diese Selbstaussage bringt auf den Punkt, wie kompromissloses Engagement und maximaler Erfolg nicht einfach nur das Selbst stärken und glücklich machen, sondern Allmachtsfantasien befeuern und selbstschädigendes Kompensationsverhalten, Beschämung und Einsamkeit nach sich ziehen können.

Nach dem Skandal blieb Tiger Woods ein exzellenter Golfspieler, doch seine Ehe war ruiniert und seine Unbesiegbarkeit gebrochen. Auch wurde fortan jede weitere Verfehlung ohne jeglichen Respekt vor Privatsphäre öffentlich gemacht. Beispielsweise findet sich auf Wikipedia (2023b) eine 30-minütige, unglaublich demütigende Dashcam-Aufnahme einer Verhaftung aus dem Jahr 2017, nachdem er betrunken am Steuer angehalten wurde. – Im Fall von Tiger Woods scheint Narzissmus als soziokulturelles Regulativ zu versagen.

Narzisstische Verschmelzung

Diese Strategien orientieren sich an unbewussten Fantasien, die sich um passive Wünsche nach bedingungsloser Geborgenheit, Harmonie, Versorgung und Sicherheit drehen. Man möchte im Schutz anderer leben und dabei alle Verantwortung für sich selbst abgeben. Vordergründig opfert man sich für andere auf und versucht, ihnen nahezukommen, zu gefallen und sich unverzichtbar zu machen. Mittels Unterwerfung und Willfährigkeit lässt sich auf identifikatorischem Weg vorzüglich an der Anerkennung anderer teilhaben.

Erlebte Hilflosigkeit, Verletzlichkeit und Empfindlichkeit können sich mit Untergangsfantasien kurzschließen und dazu verführen, sich selbst als Opfer und andere als übermächtig zu erleben. Die Suche nach Anerkennung erfolgt dann im Rahmen übertrieben anklagender, moralisierender, wehleidiger, pessimistischer, passiv rachsüchtiger Kommunikations- und Verhaltensmuster. Zur Schau gestellte Schwäche, Kleinheit und Ohnmacht mobilisieren Schutz und infantilisierende Versorgungsleistungen anderer – und sie hemmen deren Kritik- und Abgrenzungsfähigkeit (Neukom, 2005). Diese Dynamiken scheinen in unserer Gesellschaft derzeit besonders aktiv zu sein (Campbell u. Manning, 2018).

Narzisstische Aneignung opfert die anderen, Verschmelzung das Selbst. Beide Kompensationsstrategien sind voller Manipulations-, Kontroll- und Vereinnahmungsversuche, die dazu dienen, Anerkennung zu erzwingen und schmerzliche Abhängigkeit zu eliminieren. Indem sie unsichere Selbstanteile schützen, schränken sie gleichzeitig das Selbstsein und damit die Beziehungsfähigkeit ein. Sie treten an die Stelle von Vertrauen in sich selbst und andere.

Genau besehen sind sie keine Antagonisten, denn man kann sich einer Person oder eines Gegenstands bemächtigen, um mit ihr oder ihm zu verschmelzen, was auch umgekehrt möglich ist. Dies zeigt sich besonders deutlich in Kompensationen, die mit Externalisierungen sowie Welt- und Realitätsflucht verbunden sind: exzessive

Formen von Arbeit, Sex, Sport, Unterhaltung, Medien- und Internetkonsum, Gaming, Glücksspiel und Rauschmittelgebrauch. Unbewusste Allmachts- und Verschmelzungsfantasien in Kombination mit einer Verleugnung schmerzlicher Abhängigkeit haben die paradoxe Neigung, in selbstzerstörerische körperliche und psychische Abhängigkeiten zu münden.

In Paarbeziehungen (seien es Lebens- oder Arbeitspartnerschaften) mit sich ergänzenden Aneignungs- und Verschmelzungstendenzen können sich »Dreamteams« bilden. In sogenannten »narzisstischen Kollusionen« (Willi, 1975, S. 77) möchte sich die eine Person nur bewundern lassen, um ihr Selbstgefühl zu erhöhen, während die andere sich ganz in Dienst stellen und auf ihr Selbst verzichten möchte, um identifikatorisch am Glanz des anderen teilhaben zu können. Diese Funktionseinheiten funktionieren, solange es intern zu keinen Konflikten kommt. Ihre Auflösung ist nicht nur extrem schmerzlich, sondern oft auch enorm destruktiv, was Wirth (2011, S. 117 ff.) an dem Polit-Skandal um den Politiker Uwe Barschel und den Medienreferenten Reiner Pfeiffer eindrücklich herausgearbeitet hat.[2]

4.2 Führung und Selbstdarstellung

Führungstätigkeit genießt in der Arbeitswelt eine hohe Reputation. Sie steht für Kompetenz, Expansion, Macht, Kontrolle und (Selbst-) Wirksamkeit. Doch selbst wenn Führungsarbeit viele lustvolle und

2 1987, unmittelbar vor den Landtagswahlen in Schleswig-Holstein, ereignete sich der sogenannte »Waterkantgate«. In diesem Skandal enthüllte Reiner Pfeiffer – ein enger und frustrierter Mitarbeiter des amtierenden Ministerpräsidenten Uwe Barschel – in der Zeitschrift »Der Spiegel«, dass Barschel seinen Konkurrenten Björn Engholm im Dienst der Gewinnung von Beweisen für Steuerhinterziehung und Homosexualität bespitzeln ließ und so dessen Ruf zu schädigen versuchte. Im Zuge darauffolgender Recherchen, Befragungen und weiterer peinlicher Enthüllungen trat Barschel von seinem Amt zurück. Kurz darauf wurde er tot in einem Genfer Hotel gefunden. Über die Todesursache wird bis heute spekuliert.

den Selbstwert steigernde Aspekte mit sich bringt, bedeutet es keineswegs, dass sich mit einem vergrößerten Einflussbereich automatisch auch die Autonomie vergrößern würde. Mit mehr Verantwortung geht in der Regel auch mehr Abhängigkeit einher. Sie erzeugt Freiheiten, die eine umso bessere Fähigkeit in Selbstmanagement, Verzicht und im Widerstehen von Versuchungen – kurz: in Desillusionierung – verlangen.

Ansehen und Erleben von Führungstätigkeit klaffen offensichtlich auseinander. Führungskräfte sind starken Projektionen seitens Arbeitnehmer:innen und Kolleg:innen ausgesetzt. Wenn die Projektionen nicht Missgunst und Neid transportieren, werden sie vor allem als wohltuende Anerkennung bis vielleicht sogar Machtrausch erlebt. Immer sind allerdings auch Verführungen vorhanden, Grenzen in Form von Ausbeutung, Machtmissbrauch, übermäßiger Kontrolle, Eigennutz, unkritischer Förderung oder moralischer Sorglosigkeit zu überschreiten. Es sind typische und regelmäßige Auswüchse des menschlichen Narzissmus im Kontext von Führung, Erfolg und Scheitern.

Um den Versuchungen von Macht und Geld standzuhalten, muss ein Individuum in Bezug auf sich selbst sicher sein und sich begrenzen können. Verantwortungsvolle Führungsrollen bedürfen gefestigter und lebenserfahrener Personen mit einem möglichst gut integrierten Selbst. Unternehmen sind gut beraten, wenn sie die Individuierung ihrer Führungskräfte unterstützen. Dass es dabei nicht nur um das Geben und Nehmen von möglichst viel Wertschätzung geht, dürfte nachvollziehbar sein. Eine differenzierte Fehlerkultur sowie die *emotionale* Verarbeitung von Konflikten, gescheiterten Projekten und Karriereplänen gehören genauso dazu.

Je stärker eine Führungsperson von der Bewunderung anderer abhängig ist und je weniger sie ihre eigene Abhängigkeit und begrenzte Macht akzeptieren kann, desto eher wird sie einen Führungsstil pflegen, den Lohmer, Giernalczyk, Heimer, Engelberg, Albrecht und Weiß (2012, S. 67) als machtorientierten Führungsstil bezeichnen. Seine Stärke besteht im konstanten Streben nach erfolgsorientierter Veränderung. Er ist visionär, sucht nach kreativen Lösungen und kann bestehende Bedingungen radikal infrage stellen und verändern. Durch das Vorangehen der Führungskraft und ihre gut ausgebildete Fähigkeit, Gefolgschaft zu bilden, kann sie Mitarbeiter:innen zu Bestleistungen anspornen. Damit erzeugt sie ein Wir-Gefühl, das stolz macht und weitreichende Anerkennung erzeugt. Unter der Bedingung von Erfolg sind diese Führungskräfte höchst großzügig. Schwierig wird es, wenn Hemmnisse auf den Plan treten und Durchhaltewille unter widrigen Umständen gefordert ist. Sie sind schlechte Verlierer:innen, so wie auch Kritikfähigkeit, Zuhören und geduldige Anpassung nicht zu ihren Stärken gehören. Sie verlieren schnell das Interesse, wenn etwas nicht mehr aufregend und neu ist. Daher sind sie auf loyale Mitarbeiter:innen angewiesen, die gerne die weniger glanzvollen Arbeiten erledigen und sich um die Einhaltung von Regeln, Gesetzen und auch moralischen Werte kümmern.

Es ist leicht zu erkennen, dass diese Führungskräfte dazu neigen, ihre eigene Person in den Mittelpunkt zu stellen, und die eigene Wichtigkeit überschätzen. Sie schaffen es auf geschickte Weise, ihr Angewiesensein auf die Anerkennung anderer umzudrehen und damit schmerzliche Abhängigkeit zu vermeiden. Es gelingt ihnen mit glanzvollen Leistungen und blendenden Ideen. Kein Wunder allerdings, dass sie auch zu arroganten, rücksichtslosen, ausbeuterischen und unethischen Verhaltensweisen neigen. Ihre eigene Großartigkeit ist ihnen wichtiger als die Autonomie anderer. Die Anerkennung fließt weder wechselseitig noch auf Augenhöhe. Wenn sie Anerkennung zollen, dann ist es stets innerhalb eines Machtgefälles: von oben nach unten.

Dieser Führungsstil ist nicht *a priori* unzweckmäßig oder falsch. Allerdings ist er angewiesen auf Mitarbeiter:innen, die ihn mittragen. Sie müssen bewundern, zudienen, Verantwortung abgeben, sich unterordnen und unter Umständen sich auch ausnutzen lassen. Dies kann lustvoll sein oder einfach ein Preis, um in zweiter Linie zu profitieren: finanziell, vom Glanz der Erfolge, von den Möglichkeiten und der Reichweite des Unternehmens oder einfach von der bloßen, den Selbstwert erhöhenden Nähe zur idealisierten Führungsperson. In der Regel beklagt sich niemand, wenn alles aufgeht – wehe jedoch, wenn der Bogen überspannt wird! Dies ist der ideale Nährboden für Häme, gnadenlose Abrechnungen sowie Täter- und Opfernarrative aller Ausprägungen.

In Arbeits- und Organisationsumgebungen, in denen Einzelpersonen, Wettbewerb, Führungsanspruch, Innovation und Höchstleistung – wie etwa im Sport oder Showbusiness, in der Werbebranche oder in Architekturbüros – eine herausragende Rolle spielen, ist dieser Führungsstil oft erfolgreich bis sogar notwendig. Es sind diejenigen Organisationskulturen, die von Deal und Kennedy (2000) als »Tough-Guy/Macho-« oder »Alles-oder-nichts-Kultur« (gekennzeichnet durch hohes Risiko, schnelles Feedback und unmittelbare Belohnung) charakterisiert wurden.

4.3 Unternehmergeist, Erfolg und Bemächtigung

Was als »Unternehmergeist« (Entrepreneurship) bezeichnet und in Start-up-Unternehmen praktiziert wird, ist nicht selten stark vom Willen geprägt, Anerkennung und Reichtum zu erlangen, um unabhängig zu werden. In der Regel junge, gut ausgebildete und ausgeprägt intrinsisch motivierte Menschen versuchen, auf der Basis von hochgradig unsicheren Vorleistungen in innovative Geschäftsmodelle Investor:innen vom Potenzial ihrer Ideen zu überzeugen. Mit größtem persönlichem Einsatz bauen sie sodann möglichst schnell eine Organisationsstruktur auf, die so weit funktioniert, dass sie potenziellen Käufer:innen mit großen finanziellen Ressourcen imponiert. Auf diese Weise können fremde Ressourcen mittels rückhaltlosen Einsatzes, unerschütterlicher Überzeugung und souveräner Selbstwirksamkeit vervielfacht werden. Es ist eine Art Spiel, das für wenige tatsächlich aufgeht und dennoch eine enorm weitreichende Ausstrahlung hat. Namen wie Elon Musk (Tesla, SpaceX, X (vormals Twitter)), Steve Jobs (Apple), Jeff Bezos (Amazon), Mark Zuckerberg (Facebook),

Larry Page (Google) und Ray Dalio (Bridgewater) generieren Heerscharen von Glücksspieler:innen, die auf spezifische Art wahrnehmen, denken, erleben, fühlen und urteilen. Ein dazugehöriger Topos besteht darin, mit 40 Jahren ausgesorgt zu haben, um den Rest des Lebens in finanzieller Sicherheit und Unabhängigkeit zu verbringen und endlich nur noch zu tun, worauf man Lust hat. Dies ist eine nachvollziehbar angenehme Vorstellung von Autonomie – gleichzeitig auch eine wahrhaft fantastische Verschmelzung von Geld mit Macht, Glück, Anerkennung, Sinnhaftigkeit, Identität und Individualität.

Reckwitz (2017, S. 216 ff.) weist auf die Rollen von (Selbst-)Ausbeutung, Personalisierung, Eitelkeit, Publikumsorientierung und Zufall in der von ihm benannten »Superstar-« und »Performanzökonomie« hin. Wie bereits erwähnt, wird sie auch von Frank (2016) unter dem Stichwort »Meritokratie« kritisch analysiert. Der Amerikaner Ray Dalio (2017) führt sie in seinem Buch »Principles: Life and Work« auf beeindruckende Weise vor:

Garantierter Erfolg dank Ray Dalios Grundsätzen

Gemäß Einschätzung amerikanischer Medienhäuser wie Times und Forbes gipfeln die Erfolge von Ray Dalio in folgenden Superlativen (Dalio, 2017, S. 14): Das von ihm 1975 in einer Zweizimmerwohnung gegründete Hedgefonds-Unternehmen »Bridgewater Associates« wurde in den 2010er-Jahren zum fünftwichtigsten privaten amerikanischen Unternehmen und machte ihn zu einem der hundert wohlhabendsten und einflussreichsten Menschen der Welt.

In seinem Bestseller »Principles: Life and Work« erklärt er die hinter seinen Erfolgen stehenden Prinzipien: seiner Ansicht nach zeitlose und universelle Ursache-Wirkungs-Beziehungen, die in allen Aspekten des Lebens relevant sind und daher auch überall zu Erfolg führen (S. 15). Er stellt sie der Leserschaft zur Erreichung aller möglichen individuellen Ziele zur Verfügung und wird nicht müde, ihre Unfehlbarkeit zu bekräftigen, solange man sich konsequent an sie hält.

Dalios eigene Ziele bestehen darin, sinnvolle Arbeit zu verrichten und sinnvolle Beziehungen zu pflegen (S. 36). Als Investmentspezialist,

Unternehmer und Mensch versuche er, die Funktionsweise der Welt und seines Geschäftsfelds möglichst gut zu durchschauen und für seine Zwecke zu nutzen. Im Dienst von Erfolgsmaximierung analysiert er eingehend seine Umwelt, umgibt sich mit einflussreichen und kompetenten Menschen und heuert talentierte und gescheite Arbeitskräfte an. Dabei würde ihm Geld an sich nicht viel bedeuten. Aus reiner Menschenliebe heraus möchte er die Hälfte seines Vermögens außerhalb seiner Familie für gute Zwecke verteilen (S. 112 ff.).

Worin besteht Ray Dalios Welt- und Menschenbild? Weil er davon überzeugt ist, dass die Welt einzig aus Ursache-Wirkungs-Beziehungen besteht, lässt sie sich auch einzig mit objektiven, numerischen Datenreihen, logisch nachvollziehbaren Algorithmen und psychometrischen Testverfahren verstehen. Man soll »hyperrealist« sein und »impractical idealism« verachten (S. 128). Menschen sind Maschinen, deren Verschaltungen im Gehirn verstanden und die effizient genutzt und für bessere Ergebnisse stets optimiert werden sollen (S. 148): »Individually, we are machines made up of different machines« (S. 124). Sowohl unternehmerisch als auch im Umgang mit Menschen pocht Dalio auf »radikale« Offenheit, Wahrhaftigkeit und Transparenz (S. 293 ff.). Unvermeidliche Misserfolge sollen als Ansporn genutzt werden, um sich zu verbessern, die eigenen Grundsätze zu präzisieren und den Erfolg zu mehren. Gefühle müssen im Dienst des Erfolgs überwunden werden, weil sie stören und die Urteilskraft trüben. Schmerz ist dazu da, um noch stärker, besser und freier für den Erfolg zu werden.

Freimütig berichtet Dalio, wie er von seinen Geschäftspartner:innen der Unfähigkeit bezichtigt wurde, Menschen zu achten und respektvoll zu führen (S. 70 ff.): Er würde manchmal Dinge sagen und tun, die andere dazu bringen, sich inkompetent, nutzlos, gedemütigt, überwältigt, herabgesetzt und unterdrückt zu fühlen, und damit den Erfolg des Unternehmens gefährdeten. Diese Konfrontation war für ihn Ausgangspunkt der Ausarbeitung seiner Prinzipien.

Ray Dalios unternehmerische Grundsätze sind in beeindruckender Stringenz ausgearbeitet. Sie sind konsequent an Ansehen, Geld und Machtgewinn orientiert und verfolgen die Maximierung von Selbstwirksamkeit und Autonomie. Sie zielen darauf ab, Abhängigkeit so gering wie nur möglich zu halten.

Meine Vorbehalte setzen dort an, wo Dalio sie unbesehen auf die Gestaltung von Beziehungen überträgt. Denn Menschen sind keine Maschinen, die einzig an äußerem Erfolg interessiert sind und ihre Gefühle ins Privatleben verbannen. Wenn sie in Organisationen als bloße Zahnräder behandelt werden, muss es nicht wundern, wenn sie sich im Angesicht von Dalios Ungestüm und Erfolg mitunter nutzlos, überwältigt, herabgesetzt und unterdrückt fühlen. Er selbst scheint dies kaum nachvollziehen zu können, sondern beharrt darauf, alles richtig zu machen. Da *er* für seine Mitarbeiter:innen und sein Unternehmen nur das Beste will, gehe es lediglich darum, dass *sie* ihn künftig in seiner Aufrichtigkeit und Direktheit »glasklar« verstehen lernen (Dalio, 2017, S. 72). Ihnen zuzuhören sowie ihr Erleben und ihre Ansichten zu reflektieren und zu integrieren, scheint ihm kein Anliegen zu sein. Stattdessen fertigte er mithilfe statistisch fundierter psychologischer Testverfahren sogenannte »baseball cards« an, die es den Menschen ermöglichen sollen, die Stärken und Schwächen ihres Gegenübers auf einen Blick zu erfassen, um so die Zusammenarbeit ohne lange Diskussionen effizient zu gestalten (S. 81 ff.).

Interessanterweise räumt er ein, dass seine Testverfahren offenbarten, dass viele bedeutende, die Welt umgestaltende Menschen auffallend tiefe Werte im Bereich »concern for others« (Fürsorge oder Respekt für andere) aufweisen (S. 99). Diese Testbefunde seien jedoch irreführend. Als Gegenargument erwähnt er Bill Gates, der viel Geld und Energie in die Verbesserung und Rettung von fremdem Leben investiert habe. Dass diese Aktivitäten in Tat und Wahrheit das Verdienst von Bill Gates' damaliger Frau sind, unterschlägt er. Ergänzend fügt er hinzu, dass auch er selbst sein Vermögen zum Wohl anderer Menschen verschenke: »What we are doing is helping out with what we care about *because of the joy it gives us* like the joy one gets from helping a friend« (S. 116; Hervorh. vom Verf.). Die Motivation hinter seiner Philanthropie ist unumwunden selbstbezogen und das unmittelbare Interesse an anderen Menschen offensichtlich gering.

Unternehmerische Tätigkeit, die sich ausschließlich an objektivierbaren Ursachen und Wirkungen orientiert, neigt in der Regulation der Arbeitsbeziehungen zu Spaltungen und damit respektloser Bemächtigung. Hier scheint das Menschenbild des Homo oeconomicus als ein Modell für Durchschnittsverhalten auf, das in den Wirtschaftswissenschaften häufig als alleinige Grundlage dient, um Kaufentscheidungen vorauszusagen und zu steuern (Lewkowicz u. Neukom, 2019, S. 41 ff.). Der Homo oeconomicus maximiert stets seinen (Eigen-)Nutzen, hat eine logische Präferenzordnung, reagiert auf Restriktionen und ist in keiner Weise auf andere Menschen bezogen. Beziehungen, Rücksichtnahme, Empathie oder altruistische Motive gibt es in diesem Modell nicht. Führungskräfte, die ihre Tätigkeit unreflektiert an diesem Modell orientieren, sind schlecht beraten. Denn ein Homo oeconomicus benimmt sich im Porzellanladen Narzissmus wie ein Elefant.

Ähnliches gilt für den Prinzipal-Agenten-Ansatz (Lewkowicz u. Neukom, 2019, S. 152 ff.). Er wird in der unternehmerischen Praxis häufig zugezogen, um das Verhältnis zwischen Auftraggeber:in (Unternehmen, Führungskräfte) und Auftragnehmer:in (Mitarbeiter:innen) zu strukturieren. Er setzt voraus, dass Auftraggeber:innen die nur auf Eigennutz bedachten Agent:innen im Zaum halten müssen. Sie sollen daher Sicherungs-, Überwachungs- und Sanktionsstrategien einsetzen, die verhindern, dass sie übervorteilt werden. Das implizite Beziehungsmodell dieses Ansatzes ist von Misstrauen geprägt. Es verhindert Offenheit und Transparenz von vornherein und unterbindet damit Vertrauensbildung und wechselseitige Anerkennung.

Wenn Zusammenarbeit vorrangig an Eigennützigkeit, der Elimination von Abhängigkeit und mangelndem Vertrauen orientiert ist, läuft sie Gefahr, untergründig Maßlosigkeit, Gier und Menschenverachtung zu befördern. Ausschließlich rationale, an messbarer Leistung orientierte Kriterien missachten, wie Beziehungen und der

Austausch von Anerkennung funktionieren. Rein logisches Argumentieren kommt ihnen nicht bei, und sie können nur sehr bedingt über monetäre Transaktionen abgewickelt werden. Tatsächlich sind sie ein Tanz auf Augenhöhe, der in fortwährenden, wechselseitigen, aufeinander bezogenen Gefühlsabstimmungen besteht. Obschon dieser Tanz im Rahmen jener kulturellen, sozialen und organisationsspezifischen Konventionen stattfindet, die Respekt, Anstand und Vertrauen justieren, lässt er sich weder vollständig formalisieren noch ist er zielgerichtet. Die dazugehörigen Kompetenzen innerhalb von Führungsarbeit sind beispielsweise in der Konzeption des »authentischen Führungsstils« (Lewkowicz u. Neukom, 2019, S. 123 ff.) Selbstkenntnis, Offenheit, Ausgewogenheit und Glaubwürdigkeit.

Als Effekt dieses Tanzes bilden sich Beziehungen aus: gemeinsam entwickelte und aufeinander abgestimmte Formen der Interaktion und fortwährenden Vertrauensbildung, an denen alle Beteiligten durch ihr individuelles Selbstsein teilhaben. Hierfür ist ein Sensorium für die eigene und fremde schmerzliche Abhängigkeit unabdingbar. Sachliche, rationale und objektive Gesichtspunkte kommen erst in zweiter Linie hinzu. Dies ist besonders in Konfliktsituationen entscheidend, denn erst wenn die wechselseitige Anerkennung gewährleistet ist, kann Zusammenarbeit gemeinsam auf Ziele ausgerichtet werden. Offenheit und Transparenz sind dabei fraglos zweckmäßig, doch niemals Freibriefe für Rücksichtslosigkeit (wie es bei Ray Dalio mitunter den Anschein erweckt).

5 Dynamiken erkennen, Verstrickungen entgehen

Was bedeutet das hier präsentierte Verständnis von Narzissmus für Beratungsprozesse? Berater:innen sollten nicht versuchen, ihre Klient:innen oder deren Persönlichkeitsstruktur zu verändern. Klient:innen kommen als Rollenträger:innen mit Themen aus der Arbeitswelt in die Beratung. Für diejenigen, die ihre eigene Persönlichkeit mit den darin eingeschriebenen persönlichen Erfahrungen mit Anerkennung und schmerzlicher Abhängigkeit verändern möchten, sind längerfristige psychotherapeutische Angebote besser geeignet.

Den Berater:innen obliegt es, narzisstische Dynamiken zu erkennen und zu verstehen, um darauf mit einer adäquaten Haltung, angemessenen Kommunikationsstrategien und Erwartungen zu reagieren. Illusionäre Autonomie und Wünsche nach Geborgenheit sowie unvorteilhafte oder gar destruktive Verarbeitungs- und Kompensationsstrategien schmerzlicher Abhängigkeit sind dabei *Umstände,* die Coachingprozesse auf charakteristische Art beeinflussen, in der Regel erschweren und häufig genug die gemeinsame Arbeit an Zielen mangels Selbstreflexion, Problembewusstsein und Toleranz für Verunsicherung torpedieren. Die Verständigung auf realistische Ziele stellt eine erste Hürde dar.

Meine Erfahrung besteht darin, dass es sehr wohl möglich ist, auch im Rahmen narzisstischer Dynamiken erfolgreich als Coach tätig zu sein und Anliegen im Bereich arbeitsbezogener Rollen, Aufgaben, (Organisations-)Systeme, Entwicklungen und Veränderungen zu bearbeiten. Insbesondere mache ich gute Erfahrungen damit, Coachees und Teams in konkreten Situationen, in denen Anerkennung eine bedeutsame Rolle spielt – Konflikte, Veränderungsprozesse, Misserfolge,

Kündigungen etc. –, darin zu unterstützen, belastende Gefühle und Kränkungen zu erleben, auszuhalten und reflektieren – ohne Anspruch darauf, ungünstige Kompensationsmuster dauerhaft zu eliminieren. Dass solcherart gelingende Prozesse die Selbstreflexion und Empathiefähigkeit von Klient:innen erhöhen, betrachte ich als willkommenen Nebeneffekt.

5.1 Einnahme einer adäquaten Haltung

Der intersubjektive Charakter von Narzissmus bedeutet, dass wir uns ihm nie entziehen können und auch seine unliebsamen Aspekte stets mitgestalten. Ließe er sich von den Beteiligten einseitig steuern, gäbe es kein individuelles Selbstsein. Daher sind unilaterale Beeinflussung oder ausgrenzendes Diagnostizieren Holzwege. Angemessener ist selbstgewisse und illusionsfreie Teilhabe: der bereits erwähnte Tanz, der in narzisstischen Dynamiken einer besonderen Berücksichtigung der hohen Empfindlichkeit sowie leichten Kränk- und Verletzbarkeit der Klient:innen bedarf.

Als »narzisstische Dynamiken« bezeichne ich zwischenmenschliche Prozesse, in denen Anerkennung mit Idealisierungs-, Entwertungs- und Spaltungstendenzen sowie einem hohen Anteil an Aneignungs- oder Verschmelzungsversuchen reguliert wird. Dies wirkt sich unmittelbar auf das Selbsterleben, die Wahrnehmung anderer sowie die Interaktion und Kommunikation aus. Um narzisstischen Dynamiken auf die Spur zu kommen, stellen sich simultan die Fragen, wie ich mich selbst erlebe und wie sich mein Gegenüber präsentiert (Schmidt-Lellek, 2004; Schneck, 2018, S. 18 ff.):

Wie erlebe ich mich? *(Selbstbeobachtung)*

Ich erlebe, wie sich mein Selbstwert erhöht oder vermindert und sich meine Autonomiegefühle verändern: Ich fühle mich ausgesprochen wohl, fähig, sicher, nützlich oder auffällig schlecht, unfähig, unsicher, unnütz. Ich verliere meine Spontaneität, fühle mich unbehaglich oder kann nicht mehr frei denken. Meine Fantasietätigkeit blüht auf oder trocknet aus. Ich muss Gefühle von Zuneigung oder Wut in Schach halten. Ich werde von starken Gefühlen überflutet, die mich zuvor nicht beschäftigt haben (Euphorie, Trostlosigkeit, Unsicherheit etc.). Ich verspüre den Impuls, sofort eingreifen zu müssen. Ich komme nicht zu Wort oder fühle mich nicht gesehen. Ich verliere meinen eigenen Standpunkt und werde unempfindlich gegenüber anmaßenden oder verletzenden Äußerungen meines Gegenübers. Ich gerate in Versuchung, meine eigenen Grundsätze und Regeln zu missachten.

Wie präsentiert sich mein Gegenüber? *(Fremdbeobachtung)*

Mein Gegenüber (Individuum, Gruppe oder Organisation) verwendet viel Zeit auf Selbstdarstellung und Rechtfertigung. Es bestimmt über mich, indem es versucht, mich durch glänzende Leistungen oder Gedankengänge oder eine aufsehenerregende Beschädigung, Schwäche, Benachteiligung oder Ungerechtigkeit zu beeindrucken. Es vermittelt ein Bild von sich, welches einem Ideal entspricht: geschlossen, rund, souverän, ohne Bruchstellen, kontrolliert, eindeutig. Es monologisiert und versucht zu verhindern, dass ich eigene Ideen oder Einschätzungen einbringe. Es fordert Übereinstimmung, Bestätigung, Loyalität, Hilfe oder Schutz ein, ohne mich zu fragen, ob ich dazu überhaupt bereit bin. Es lobt mich ohne Grundlage oder stellt mich unvermittelt infrage.

Schmerzhafte Gefühle rund um Abhängigkeit kommen selten direkt zur Sprache. Doch über die Wahrnehmung eigener Gefühle, Impulse und Fantasien (in Form von scheinbar losgelösten, zufälligen Einfällen, Bildern oder Szenarien) lässt sich auf innere Not sowie belastende unbewusste Gefühle beim Gegenüber schließen. Sie sind intensiver, je stärker Idealisierungen, Entwertungen, Spaltungen und projektive Identifikationen am Werk sind. Dann wird die Kommunikation auffällig rational, intellektualisierend und von Gefühlen befreit – oder genau umgekehrt: emotionalisiert, irrational, nicht mehr nachvollziehbar. Jedenfalls wird der wechselseitige Austausch irritiert, und es geht vor allem darum, Recht zu haben oder Bestätigung zu erhalten. Wichtig ist zu verstehen, dass man unweigerlich selbst in das entsprechende Denken und (Selbst-)Erleben hineingezogen wird. Daran ist grundsätzlich nichts falsch, doch beeinflusst es natürlich die Arbeitsfähigkeit von Berater:innen. Solange die Beobachtung der eigenen Fantasien, die Selbstreflexion und innere Distanzierung genügend gut gelingen, ist dies für das Erkennen, Verstehen und die Ausbildung von Empathie so unvermeidlich wie unerlässlich.

Wenn es in der Arbeitswelt darum geht, zu motivieren, zu begeistern, zu inspirieren, sich Ziele zu stecken und in der Führungstätigkeit Gefolgschaft zu erzeugen, sind milde Idealisierungen und Visionen mit illusionären Anteilen motivierend und damit erwünscht und konstruktiv. Erst wenn sie Fahrt aufnehmen und die Trias Idealisierung – Entwertung – Spaltung sowie Kontroll- und Manipulationsversuche überhandnehmen, wird es heikel. Dann steigt die Wahrscheinlichkeit, dass die Kombination von illusionärer Autonomie und Verleugnung von Abhängigkeit beginnt, zwischenmenschlichen und materiellen Schaden oder gar ein Desaster anzurichten. Dann kann es zu rücksichtsloser Dominanz, blinder Unterwerfung, (Selbst-)Ausbeutung, Delinquenz oder auch destruktiven Gruppendynamiken kommen.

Solche Entwicklungen tendieren zu »narzisstischen Verstrickungen«: In ihnen nehmen die beschriebenen Fantasien, Verarbeitungs- und Kompensationsanstrengungen extreme Formen an. Übertriebene Selbstbezogenheit sowie narzisstische Aneignungs- und Verschmelzungsversuche lassen den anderen keinen Raum mehr, sie selbst sein zu können. Beziehungen, Arbeitsgemeinschaften oder Unternehmenskulturen werden so vereinnahmend, dass es nicht mehr möglich ist, Individuen auszumachen. Gemeinsam überlebt man oder geht in den Abgrund. Sobald Konflikte auftauchen, verheddern sich die Interaktionspartner:innen unaufhaltsam. Jede Aktion, sei sie verbal oder handelnd, befeuert Defizite von Anerkennung und damit Gefühle von Enttäuschung, Kränkung, Abweisung, Wut, Hass, Scham und Angst. Dies provoziert Spaltungen, die wiederum die Fantasien von Allmacht, Verschmelzung oder Untergang verstärken. Sie verzerren die Wahrnehmung der Realität und zerstören jegliches Vertrauen. Die Involvierten kämpfen nur noch für das in seiner Existenz gefährdete Selbst, was jedes Mittel zu legitimieren scheint. Dabei wird die bloße Existenz anderer (Individuen, Gruppen, Gesellschaften) maximal bedrohlich: Sie müssen verlieren oder sterben, damit man selbst sein kann.

Die Verantwortung für narzisstische Dynamiken und Verstrickungen liegt nicht bei einzelnen Personen, denn sie gründen in einem Zusammenspiel von Menschen mit geteilten oder gespiegelten Motiven. Es ist ein *gemeinsames* Ausgestalten von Beziehungen, Aufladen von Schuld, Scheitern von Reflexion und Aufbauen von Illusionen. Nur Selbstreflexion und die Fähigkeit zur Desillusionierung, also die Zurücknahme von Wunschdenken, können sie stoppen. Oft geht dies nur, indem man die Kommunikation beendet, sich entfernt und die Zusammenarbeit aufkündigt. Ungeachtet des Schadens und Unverständnisses, die durch einseitigen Kommunikationsabbruch entstehen, ist dies manchmal zum Schutz anderer und seiner selbst, aber auch von Projekten und Werten, unabwendbar.

Im Umgang mit Narzissmus in Beratungssituationen geht es darum, narzisstische Dynamiken zu erkennen und mitzugestalten sowie Verstrickungen zu entgehen – und auch Klient:innen entsprechend zu unterstützen. Stets ist der Zugang zur eigenen und fremden Not im Selbstsein und in der Abhängigkeit von anderen entscheidend. Dafür ist es unabdingbar, dass Berater:innen ihre eigene schmerzliche Abhängigkeit anerkennen und mit den entsprechenden Gefühlen in Kontakt treten können, sobald sie aktualisiert werden. Psychotherapeutische Selbsterfahrung, die eine Exploration der eigenen Fantasiewelt sowie Verarbeitungs- und Kompensationsstrategien im Kontext von schmerzlicher Abhängigkeit ermöglicht, ist dafür höchst nützlich. Die geschickte Kombination dieser Kompetenzen mit betriebswirtschaftlichem Wissen sowie Führungs- und Organisationserfahrung setzt Berater:innen in die Lage, Coachingprozesse auch unter der Bedingung von narzisstischen Dynamiken professionell zu gestalten und erfolgreich durchzuführen.

5.2 Angemessene Kommunikationsstrategie

Ich stimme mit Eidenschink (2005) darin überein, dass die meisten Fehler dadurch entstehen, dass Berater:innen »zu schnell zu viel wollen« (S. 48). Er weist auf die Herausforderung hin, einerseits den Aufbau einer vertrauensvollen, sicheren Beziehung zu ermöglichen und andererseits bei Klient:innen Schritt um Schritt ein Problembewusstsein aufzubauen, wo sie zunächst keines verspüren. Sie sollen Distanz zu ihrem bisherigen Verhaltensstil entwickeln und gleichzeitig auch Zuversicht bekommen, dass es Alternativen gibt, die für sie erreichbar sind. Erst auf dieser Basis kommt ein »echter Auftrag« (S. 48) zustande. Das größte Hindernis besteht darin, dass Gefühle, defizitär zu sein, als äußerst bedrohlich empfunden werden. Daher »muss der Coach in der Lage sein, durch sein ganzes Wesen dem Coachee zu vermitteln, dass dieser auch ohne besondere Leistungen jemand ist, den man als Person schätzen und gernhaben kann« (S. 48).

Wenn es um das Aushandeln von Anerkennung geht, sind von außen oder gar von oben herab applizierte, standardisierte Einflussnahmen zum Scheitern verurteilt. Denn so, wie das Selbst aus hochindividualisierten Gefühlsabstimmungen, Spiegelungen und Interaktionen zwischen Säugling und Pflegeperson herauswächst, geht es auch unter erwachsenen Menschen stets um die *gemeinsame* Ausgestaltung der Kommunikation und des emotionalen Austauschs. Daher ist es wichtig, dass Berater:innen ihren (nachvollziehbaren) Wunsch nach abgesicherten oder gar standardisierten Interventionstaktiken aufgeben können. Gefragt ist vielmehr die Fähigkeit, mithilfe des eigenen Erlebens und aufsummierter Erfahrung immer wieder neue Verständigungsformen zu finden, um unter schwierigen Bedingungen wertschätzend kommunizieren und reflektieren zu können. Daher ist das *Anteil nehmende Verständnis* der mit Narzissmus verbundenen *individuellen Nöte* (Kap. 2.1, 3 u. 4.1) bedeutsamer als alle Techniken, Werkzeuge und Theorien.

Berater:innen müssen immer wieder von Neuem das Kunststück vollbringen, sowohl in Bezug auf großartige Fähigkeiten und Leistungen als auch ausgeprägte Selbstunsicherheit, Verletzlichkeit, Kränkbarkeit, Gefühlsblindheit, Kontroll- und Manipulationsversuche, Provokationen und Verführungen unbeeindruckt zu bleiben und gleichzeitig interessiert und authentisch auf das Gegenüber einzugehen. Daher ist es nötig, dass sie ihre eigene Bewunderung von Leistungen wie auch drängende Impulse, zu helfen, reflektieren und relativieren können. Berater:innen, die sich auf Machtkämpfe, Rechthabereien, Rechtfertigungen und Intellektualisierungen einlassen, werden genauso scheitern wie diejenigen, die ihre eigenen Tendenzen übermäßiger Schonung oder Infantilisierung von Opfern nicht bemerken oder das Verharren der Klient:innen in Vorwürfen und Klagsamkeit nicht stoppen können.

Für viele Klient:innen ist das Aufsuchen von Berater:innen demütigend oder zumindest verunsichernd. Daher ist es angebracht, in narzisstischen Dynamiken aller Art von latenten Schamgefühlen und Unsicherheit auszugehen, welche zunächst keine Sprache haben, wohl aber wirksam sind. Das unvorsichtige Ansprechen dieser Gefühle schlägt Ratsuchende allerdings leicht in die Flucht. Auch beschädigen das Ausagieren von Ungeduld sowie impulsive Reaktionen auf Kränkungen oder Verärgerungen das Vertrauen meistens irreparabel.

Die folgende Interventionstaktik (Abb. 7, siehe S. 74) verfolgt das Ziel, *im Kontext eines spezifischen Beratungsanliegens* einen realistischen Auftrag und ein funktionierendes Arbeitsbündnis zu erarbeiten. Dabei geht es implizit darum, via Vertrauensbildung sowie behutsamer Konfrontation die Toleranz für schmerzhafte Abhängigkeit zu erhöhen und den Raum für Selbstwahrnehmung und Selbstreflexion zu eröffnen und zu vergrößern. Das Vorgehen besteht darin, stets *explizit* mit der Wertschätzung der Person und ihres Anliegens zu beginnen (1), um in der Folge im Sinne einer vorsichtigen Konfrontation alternative Sicht- und Erlebensweisen aufzuzeigen (2). Erst wenn die Berater:in den Eindruck gewonnen hat, dass der:die Klient:in bereit ist, den eigenen Standpunkt zu relativieren, lädt sie zu gemeinsamer Arbeit ein, in die ein Stück Anerkennung belastender Gefühlen eingelassen ist und die entsprechend eine partielle Zurücknahme unvorteilhafter Kompensationsstrategien, Kontroll- und Manipulationstendenzen erlaubt (3). Dabei ist es zentral, die Klient:innen einerseits anzunehmen, wie sie sind, sie andererseits aber auch zu ermutigen und ihnen zuzutrauen, neue Erfahrungen zu machen (Eidenschink, 2005; Schneck, 2018).

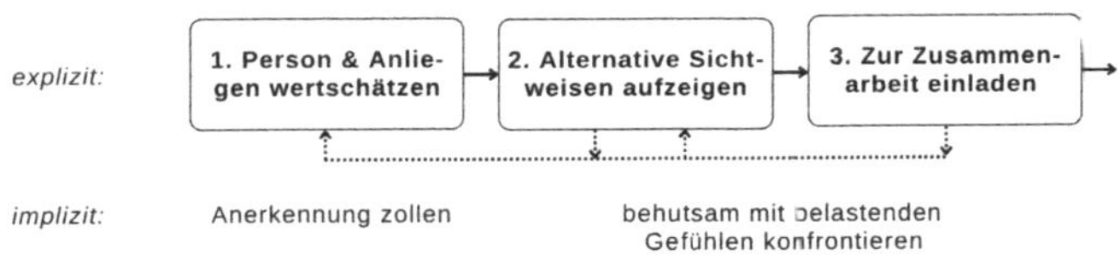

Abbildung 7: Interventionstaktik in narzisstischen Dynamiken

Nachfolgende Beispiele bilden diese Struktur in zusammenhängenden Formulierungen ab. In der Praxis durchlaufen die Interventionen vielfältige Iterationen, die sich über einen längeren Zeitraum, bis zu mehreren Sitzungen, erstrecken können. Auch in der Phase der Durchführung von Beratungen ist es – sobald Irritationen, Kränkungen oder die Selbstwahrnehmung beeinträchtigende Gefühle aufkommen – angezeigt, dezidiert auf diese Taktik zurückzukommen. Die Formulierungen müssen stets präzise auf das Coachinganliegen und den Kommunikationsstil der Klient:innen abgestimmt werden. Solange man spürt, dass sich der:die Klient:in nicht verstanden und anerkannt fühlt, ist es potenziell kontraproduktiv, weiterzugehen. Daher scheitern ungeduldige und überambitionierte Berater:innen zuverlässig.

Beispielhafte Formulierungen für Interventionen

1. Ich bin mit Ihnen einig, dass der Umstand X enorm schwierig ist.
1. Ich verstehe Ihren Wunsch nach perfekten Bedingungen.
2. Müssen wir nicht alle akzeptieren, stets hinter unseren Idealen zurückzubleiben?
3. Nun möchte ich Sie dazu einladen, gemeinsam mit mir eine umsetzbare Lösung zu entwickeln, die Ihren Wünschen und Zielen möglichst nahekommt.

1. Es muss hart für Sie sein, all dies durchzumachen.
1. Sicher hat es Sie frustriert, dass …
1. Was passiert ist, muss Sie enttäuscht haben.
2. Jetzt benötigen Sie etwas Zeit, um aus diesem Gefühl wieder aufzutauchen und weiterzuschauen.
3. Ich kann Sie dabei unterstützen, indem wir darüber sprechen, was Sie erleben.

1. Ich glaube, dass Sie Ihre Ziele motiviert und mit besten Absichten verfolgen.
1. Mir scheint, dass Sie hart gearbeitet haben …
2. … darum ist es kränkend, nicht die entsprechende Anerkennung zu bekommen oder missverstanden zu werden.
3. Wir können nun gemeinsam schauen, wie Sie weitermachen können, ohne den Mut zu verlieren oder sich mit Rache- oder Wiedergutmachungsfantasien aufzuhalten. Vielleicht werden wir dabei auch besser verstehen lernen, wie es für Ihre Vorgesetzten und Mitarbeiter:innen gewesen ist.

1. Sie können eine exzellente Führungsperson sein, selbst wenn Sie Schwäche zeigen.
2. So, wie ich ein guter Coach und manchmal unsicher sein kann.
3. Es lohnt sich, auf solche Situationen zu achten und Ihre Erfahrungen in unseren Sitzungen genau zu analysieren.

1. Ich kann Ihre Sichtweise gut verstehen und finde sie interessant …
2./3. … wenn ich trotzdem bei meiner eigenen Meinung bleibe, kann uns dies helfen, den Sachverhalt in seiner Komplexität besser zu verstehen.

Die Schritte 2 und 3 sind gangbar, wenn sich die Klient:innen in der Beziehung zu ihren Berater:innen sicher aufgehoben fühlen. Konfrontationen können nur angenommen werden, wenn sich die Klient:innen anerkannt und nicht bedroht fühlen. Dann ermöglichen sie die Erfahrung, dass nichts Schlimmes passiert, wenn verunsichernde Gefühle einbezogen und über sie gesprochen wird. Die Erörterung des Erlebens und der Perspektive von anderen Beteiligten wird erst nach und nach möglich sein. Entscheidend ist also, die Reihenfolge nicht durcheinanderzubringen. Die Berater:innen müssen die emotionale Bewegung innerhalb narzisstischer Dynamiken stets adäquat erfassen, um maßgeschneidert darauf zu reagieren (Kap. 5.1). Dies verlangt nach Flexibilität, Kreativität und Geduld.

Nicht selten ist es so, dass Klient:innen und Berater:innen mithilfe von im Gespräch aufgekommenen Themen, Bildern und gemeinsamen Erfahrungen eine Art von privater Sprache entwickeln, die die Exklusivität des Arbeitsbündnisses auszeichnet und auch witzige, ironische und lustvolle Aspekte enthält. Hierbei müssen die Berater:innen allerdings gut darauf achten, dass sich keine Spaltungstendenzen einschleichen im Sinne von »Wir gegen den Rest der Welt«.

5.3 Anpassung von Erwartungen

Sobald in einer Beratungssituation ausgeprägte Kompensationsstrategien der Aneignung eine Rolle spielen, steht man vor der Herausforderung, sich in die Not des Gegenübers aufgrund von Gefühlen mangelnder Anerkennung, Selbstunsicherheit und schmerzlicher Abhängigkeit hineinzuversetzen, ohne auf Resonanz oder Dankbarkeit hoffen zu können. Im Gegenteil: Berater:innen werden manchmal angegriffen, *weil* sie eine Schwäche gesehen haben. Sie müssen Beziehungslosigkeit, Arroganz, Beschämung, Verantwortungslosigkeit, Angriffe und Entwertungen durchschauen können, nachsichtig aushalten und gefühlt stets von Neuem überleben – was selbstverständlich nicht verlangt, dass sie sich aktiv unterwerfen oder demütigen lassen. Mit eigenen Gefühlen authentisch involviert zu sein, ist für die Abstimmung und Regulation von Anerkennung essenziell. Wenn es bei einem selbst »ans Eingemachte geht«, ist dies sogar ein sicheres Anzeichen dafür, gut in die Interaktion eingebunden zu sein – selbst, wenn temporär alles ganz und gar ausweglos erscheint, wie das folgende Beispiel illustriert.

Vom hässlichen Streit ins differenzierte Beziehungserleben

Anna und Max betreiben gemeinsam eine Sprachschule mit circa zwanzig Teilzeitlehrer:innen. Sie suchen ein Coaching auf, weil sie ihre Zusammenarbeit als Geschäftsleiter:innen als zermürbend empfinden. In der ersten Sitzung beginnen sie sogleich, erbittert zu streiten, indem sie die Gegenseite bezichtigen, ignorant und unkooperativ zu sein, und eigene Handlungen erbittert rechtfertigen. Anna droht mit dem Ausstieg, Max wird immer hilfloser. Als der Coach ein Anliegen von Max unterstützt, wird Anna ungehalten: Er habe ihr nicht zu erklären, was sie zu tun habe. Nicht nur Vorwürfe, sondern auch Frustration und ein Gefühl von Ausweglosigkeit türmen sich auf. Der Coach merkt, wie er vorsichtig und unsicher wird. Es gelingt ihm nicht, das Argumentieren zu stoppen und über die Kommunikation zu reflektieren. Am Ende bietet er trotz vollkommener Ratlosigkeit an, die Sitzungen fortzuführen.

Einige Tage später meldet ihm Anna schriftlich zurück, dass die Sitzung für sie katastrophal gewesen und er unprofessionell und parteiisch gewesen sei. Er hätte den Streitereien Einhalt gebieten sollen. Vorübergehend verliert der Coach jegliche Motivation, weiterzumachen. Dennoch bietet er Anna an, sich telefonisch auszutauschen. In diesem Gespräch hört er sich vor allem an, wie unerträglich die Situation mit Max für sie ist. Die an den Berater gerichteten Vorwürfe erwähnt sie nicht mehr. Am Ende sind beide bereit, weiterzumachen.

Es folgen noch einmal zwei Sitzungen im Stil des ersten Gesprächs. Allerdings gerät der Coach nicht mehr in die Schusslinie. Er lässt die beiden streiten und bestätigt lediglich hin und wieder, wie anstrengend und unerfreulich es ist, wenn man sich so fetzen muss, ohne weglaufen zu können. In der vierten Sitzung ist die Stimmung plötzlich entspannter. Max sagt, sie hätten sich wohl ausgetobt und dabei erschöpft. Plötzlich sei es gelungen, das unfruchtbare Argumentieren zu stoppen, noch einmal neu anzusetzen und gemeinsam sachbezogene Lösungen zu entwickeln. Beide staunen darüber und wirken erleichtert.

Jetzt wird es möglich, nachzuvollziehen, dass sie sich hervorragend ergänzen, jedoch verheddern, wenn sie sich simultan unverstanden und missachtet fühlen: Max mit seinen kreativen Ideen, die er als unwillkommen erlebt. Anna mit ihrer Frustration und Wut, wenn sich Max nicht an Strukturen hält, die sie entwickelt hat. In diesen Situationen fühlen sich beide bedrängt und im Besten, das sie zu bieten haben, ausgebremst. Dann verlieren sie jede Lust und Kapazität, die Beiträge der Gegenseite wertzuschätzen. Dieses unheilvolle Muster gilt es zu verstehen und immer wieder gemeinsam aufzulösen.

Der Prozess ist auch für den Coach enorm anstrengend, doch am Ende lohnend. Sein Beitrag bestand darin, zuerst einen beleidigenden Angriff auf seine berufliche Identität hinzunehmen und zu überleben. Sodann zeigte er über mehrere Sitzungen hinweg, dass es möglich ist, einen Wust von schwer aushaltbaren Gefühlen zu ertragen, ohne dabei aus der Rolle zu fallen. Damit bot er einen verlässlichen Raum, in dem Max und Anna ihre eigenen Erfahrungen mit dem Zustand der Verstrickung machen und schließlich einen Weg aus dieser Verstrickung finden konnten. Fortan nutzten sie gelegentliche Sitzungen, um im Beisein des Coachs latente Spannungen zu besprechen und Gefühle abzustimmen. Ohne dass die Konflikte ganz verschwanden, funktionierte ihre Zusammenarbeit wieder erfolgreich.

Wenn es Berater:innen gelingt, sich einzulassen, sich zu zeigen und gleichzeitig professionelle Grenzen zu wahren, erbringen sie eine anstrengende innere Arbeitsleistung, die in der Regel unsichtbar bleibt. In narzisstischen Dynamiken ist sie eine Voraussetzung, um Beratungsanliegen aus der Arbeitswelt fruchtbar bearbeiten zu können. Nicht selten wird man Zeuge von Selbst- und Fremdausbeutung sowie missbräuchlicher Machtausübung in Organisationen und privaten Beziehungen. Die Ziele und Methoden in Beratungen und Coachings sollten sie keinesfalls fördern, sondern idealerweise der Reflexion zugänglich machen. Häufig sind daher das Setzen von Grenzen sowie Mut zur Aufrechterhaltung eigener Werte und zur Eigenständigkeit gefragt.

Viele erfolgreiche Berufspersonen idealisieren Leistung und Erfolg und suchen Beratung mit dem Ziel auf, diese zu optimieren. Andere machen sich von Arbeit abhängig, als wäre sie das ganze Leben. Wenn Berater:innen dazu eine kritische Haltung einnehmen, kann dies überraschen und enttäuschen. Wenn die Ziele jedoch unrealistisch erscheinen und Anzeichen von Erschöpfung und Selbstausbeutung unübersehbar sind, ist diese Konfrontation notwendig. Grundsätzlich empfiehlt es sich, nicht nur auf den ohnehin überbewerteten Arbeitsbereich zu fokussieren, sondern auch das Privatleben und die Erholungsphasen in den Blick zu nehmen. Eine ausschließliche Selbstdefinition über Beruf und Leistung sollte infrage gestellt und erweitert werden. Oft sind Hilfestellungen im Rahmen einer Prophylaxe von Burn-out und einer Klärung von Krisen in der Lebensmitte sinnvoll.

Anhaltende Krisen und Persönlichkeitsstörungen sprengen den Rahmen von Beratungen und bedürfen psychotherapeutischer Behandlung (Kap. 3.3). Als Vertrauenspersonen sind Berater:innen häufig in einer Schlüsselposition: Sie sind gefordert, einerseits professionelle Hilfe kompetent zu vermitteln und andererseits sorgfältig darauf zu achten, dass sich die Betroffenen weder stigmatisiert noch weggeschickt fühlen. Daher ist es wichtig, dass Berater:innen für die Übergänge von narzisstischen Dynamiken in Verstrickungen, für narzisstische Krisen und entsprechende Symptome und Erkrankungen sensibilisiert sind. Hierfür eignen sich besonders fallbegleitende Supervision bei erfahrenen Kliniker:innen, aber auch Lektüre (z. B. Walter u. Bilke-Hentsch, 2020) und einschlägige Weiterbildungen.

Das frühe Erkennen der spezifischen Qualität narzisstischer Dynamiken (etwa mithilfe der im Kap. 4.1 dargestellten Verarbeitungs- und Kompensationsstrategien) ist eine wichtige Kompetenz. Man sollte sich im Klaren darüber sein, auf welche Herausforderungen man sich einlässt. Die Erfolgsprognosen sind nicht blendend, misslingende Auftragsklärungen, unerquickliche Phasen und Abbrüche sind häufig. Es ist gut, wenn sich Berater:innen auch von Misserfolgen faszinieren lassen können, obschon sie stets eine narzisstische Kränkung mit sich ziehen. Zu viele Misserfolge hinterlassen indessen Spuren wie den Verlust von Selbstvertrauen, Zynismus oder Ressentiments. Die eigenen Erfahrungen müssen also verarbeitet und die Erwartungen illusionslos angepasst werden.

Ungünstige Verläufe, Selbstunsicherheit, mangelndes Verständnis, Undankbarkeit, Misstrauen sowie drastische Verarbeitungs- und Kompensationsstrategien dürfen Klient:innen niemals vorgeworfen werden. Auch dann nicht, wenn sie – was häufig vorkommt – unvermittelt abbrechen, verschwinden, nicht mehr reagieren und Rechnungen nur noch unter Zwangsvollstreckung begleichen. Es wäre unprofessionell und unethisch, Ratsuchenden das anzulasten, wofür sie implizit oder unbewusst professionelle Hilfe aufsuchen. Berater:innen müssen sich für Gefühle engagieren, die für das Gegenüber oft nicht nur inakzeptabel, sondern undenkbar und dem Erleben ganz und gar unzugänglich sind. Darüber in einen verständnisvollen Austausch zu kommen, muss oft hart erarbeitet werden und ist *per se* unerquicklich, wenn es misslingt.

5.4 Förderung der Anerkennung schmerzlicher Abhängigkeit

Um die Toleranz für belastende Gefühle in narzisstische Dynamiken fördern zu können, ist es nötig, Handlungen und Verhalten in Beziehungen adäquat mit inneren Zuständen, also Wünschen, Befürchtungen, Gefühlen und Überzeugungen, in Verbindung bringen zu können. Diese psychische Leistung wird als »Mentalisieren« bezeichnet (Fonagy et al., 2008; Allen, Fonagy u. Bateman, 2022). Es ist ein Konzept, das auf breit abgestützten Befunden entwicklungspsychologischer und neurobiologischer Forschung basiert. Goebel und Hinn (2016), Taubner und Kotte (2018) sowie Giernalczyk und Möller (2018) haben seine Bedeutung und praktische Anwendung in Beratung und Arbeitswelt, besonders der Führungstätigkeit, herausgearbeitet.

Mentalisieren ist ein Vergegenwärtigen von zielgerichteten Gedanken und Gefühlen bei sich selbst und anderen (Solomon, 2007). Es verlangt Aufmerksamkeit, muss geübt und kann erlernt werden (Allen et al., 2022). Ein gut integriertes Selbst kann besser mentalisieren als ein schlecht integriertes (Kap. 3.3). Mentalisieren hat viel mit Empathie gemein, geht aber über sie hinaus. Denn im Rahmen von Selbstreflexion mentalisiert man auch sich selbst.

Die in Kapitel 5.1 formulierten Fragen »Wie erlebe ich mich?« und »Wie präsentiert sich mein Gegenüber?« wie auch die Fragen zur eigenen Person in Kapitel 3.4 zielen auf Mentalisierung ab. Ähnlich wie bei der Selbstkenntnis gehört zum Mentalisieren, dass man nie wissen kann, was wirklich gilt. Es ist kein ausschließlich rationales Denken und es hängt weniger ab von Wissen um Kausalbeziehungen als von der Fähigkeit, sich einzufühlen, Fantasien zu bilden und Gefühle zu verbalisieren und miteinander ins Verhältnis zu setzen. Die Hypothesen zu den eigenen und fremden mentalen Zuständen müssen stets von Neuem kritisch geprüft und angepasst werden.

Das Aushalten von Aneignungsversuchen, Verführungen zu Verschmelzungen, Idealsierungen, Entwertungen und Angriffen auf das eigene Selbst ist erträglich, wenn es gelingt, Unsicherheit, Ohnmacht, Scham und Angst *bei sich selbst* zu mentalisieren und allmählich abklingen zu lassen. In diesem (Aus-)Halten werden eigene und fremde (via projektive Identifizierung (Kap. 3.3) transportierte) Affekte psychisch prozessiert und in Gedanken, differenzierte Gefühle und reflektiertes Erleben umgewandelt. Die Konzepte »Holding« (psychisches Halten) von Winnicott (2001, S. 69; Abram, 2007, S. 193 ff.) und »Container and Contained« (Behälter und Inhalt) von Bion (1997) setzen sich mit diesen Prozessen auseinander. Giernalczyk, Lazar und Albrecht (2012, S. 25 ff.) haben sie in den Arbeitskontext transponiert und geben einige Hinweise, wie sie von Führungskräften und Berater:innen aufgenommen werden können. Die Schwierigkeit von Holding und Containment besteht darin, dass sie passive, aufnehmende, erfahrungsbasierte Leistungen sind. Rezepte, Instrumente und Handlungsanweisungen verfehlen sie von Anfang an. Sie bedürfen einer auf- und annehmenden Haltung, die es erlaubt, auf die Bewegungen in der eigenen Innenwelt zu achten.

Die Abbildung 8 skizziert allgemeine Ansatzpunkte, wie auf beeinträchtigte Regulationen im Narzissmus – infolge von Intoleranz gegenüber schmerzlicher Abhängigkeit, Überforderung durch belastende Gefühle, Respektlosigkeit im Rahmen von Aneignung und Verschmelzung sowie narzisstischen Verstrickungen – eingegangen werden kann. Dabei geht es nicht nur um Personen, sondern auch um Gruppen und Organisationen. Auch Gesellschaften und Kulturen können betroffen sein, ihre intentionale Beeinflussbarkeit ist allerdings weitgehend illusorisch (Lewkowicz u. Neukom, 2018).

Abbildung 8: Förderung der Anerkennung von Abhängigkeit

Die Einfühlung in innere Not, Leeregefühle, Bewegungs-, Perspektiv- und Sinnlosigkeit sowie mangelnde Gefühle von Lebendigkeit gehört zu den schwierigsten und gleichzeitig wichtigsten Aufgaben im Kontext des Umgangs mit Narzissmus. Hierfür muss man sich eigenen, beunruhigenden Fantasien überlassen können, um Gefühle und Beziehungsmuster rund um Autonomie und Abhängigkeit *in der Vorstellung* zu explorieren.

Das Mentalisieren von Ohnmacht (Althoff, 2017), Scham (Holzhey-Kunz, 2011) und Angst (Neukom, Lewkowicz u. West-Leuer, 2021; vgl. auch Lewkowicz u. West-Leuer, 2016 u. Solomon, 2007) ist auf je eigene Weise anspruchsvoll. Die Anerkennung von schmerzlicher Abhängigkeit impliziert Erregung und Unlust, die das Mentalisieren gravierend erschweren. Dies zeigt sich vielleicht nirgends besser als bei Scham, die wie kaum ein anderes Gefühl in Intersubjektivität eingebunden ist. Scham greift das Selbstsein in der Angewiesenheit auf Anerkennung direkt an, weil es auftritt, wo (vermeintliche) eigene Mängel im nicht kontrollierbaren Blick anderer sichtbar werden (Holzhey-Kunz, 2011). Nicht zufällig sagt man beim Erzählen von peinlichen Situationen: »Ich hätte im Boden versinken können.« Scham zeigt eine Entwertung des Selbst an. Sie hemmt das Fühlen der Person, blockiert ihr Denken, entzieht dem Selbstsein den Boden und lässt sie verschwinden. Unter dem Einfluss von Scham kann man sich nicht vorstellen, gesehen, angenommen und geliebt zu werden. Ein zu intensives Schamerleben, aber auch das Nichterlebenkönnen oder Verleugnen von Scham verunmöglichen den Respekt vor der Autonomie anderer. Ein gut integriertes Selbst ist in der Lage, Scham zu erleben und sie auszuhalten. Und man kann davon ausgehen, dass im Zentrum von narzisstischen Krisen unbewusste, überflutende Schamgefühle stehen.

Mentalisierte Gefühle müssen nicht zwingend angesprochen oder aufgedeckt werden. Dies ist insbesondere bei Schamgefühlen oft kontraproduktiv. Vielmehr geht es darum, sie zu erkennen und sich klarzumachen, wie sie auf die Interaktion einwirken. Wichtig dagegen ist es, Impulsen zu Gegenwehr, Recht-haben-Wollen und auch Intellektualisierung zu widerstehen.

Vertrauen bilden

Als individueller, mentaler und auf die Zukunft gerichteter Akt gründet Vertrauen in verinnerlichten Lebenserfahrungen. In Kapitel 3.1 habe ich ausgeführt, inwiefern Vertrauen und Misstrauen in der Entwicklung des Selbst eine bedeutsame Rolle spielen. Unsichere Bindungen und geringes Urvertrauen mindern die Selbstsicherheit und erhöhen die Wahrscheinlichkeit, Autonomiewünsche und Selbstwirksamkeit auf Kosten anderer auszuleben. Dies säht Misstrauen und Enttäuschung, was wiederum Vorbehalte, negative Erfahrungen und Erwartungen bestätigt. Sich dieser Dynamik zu entziehen ist besonders schwierig, wenn man sich unsicher, angegriffen oder vereinnahmt fühlt.

Im Spannungsfeld von narzisstischen Dynamiken und Verstrickungen gibt es einen beständigen Mangel an Vertrauen, der unbedingt beachtet und aufgenommen werden sollte. Doch Vertrauensbildung ist sowohl in der Arbeitswelt und Führungstätigkeit als auch in Beratungssituationen ohnehin ein Dauerthema (Möller, 2012; Lewkowicz u. Neukom, 2019, S. 185 ff.; Haubl, 2012). Es ist ein steter zwischenmenschlicher Aushandlungsprozess, der sich um das Versprechen von Zuverlässigkeit und Loyalität sowie das Ausbleiben gravierender Enttäuschungen dreht. Das Schenken von Vertrauen ist eine Vorleistung, die Ehrlichkeit, Wohlwollen, Kompetenz und Zuversicht unterstellt und immer mit einem Risiko einhergeht.

Die Vertrauensbildung kreist um dieselben zwischenmenschlichen Eigenschaften und Anforderungen, von denen auch die Entstehung des Selbst, die Ausbildung von Beziehungsfähigkeit und lebenslange Individuation abhängen (Haubl 2012, S. 38 ff.):

- Aufrichtigkeit, Konsistenz, Transparenz: Taten und Worte stimmen überein
- Präsenz: ungeteilte Aufmerksamkeit in Gesprächen

- Individualisierung: sich auf Situationen einlassen, ohne zu generalisieren, zu typologisieren oder zu diagnostizieren
- Non-Direktivität: zuhören, statt nur zu erklären, zu rechtfertigen oder Ratschläge zu geben
- Krisenfestigkeit: gelingende kommunikative Reparation von geringfügigen Vertrauensbrüchen; keine Ressentiments und kein Nachtragen
- Uneigennützigkeit in Beratungssituationen: Verzicht auf Vorteilnahme

Die Beurteilung, ob man die Erwartungen eines Gegenübers erfüllt oder nicht, bleibt in dessen subjektivem Ermessen. In Vertrauenskrisen ist erhöhter kommunikativer Aufwand zwingend. Eine einmalige Rechtfertigung guter Absichten ist durchaus angezeigt, doch sind argumentieren, rechtfertigen, begründen, richtigstellen und insistieren in der Regel ein Fehler. Denn im diskussionslosen Anerkennen der Gefühle anderer gründet der Respekt vor ihrer Autonomie und wird der Boden für die Bildung von Vertrauen ausgelegt. Darum hat die Fähigkeit, Vertrauen auszubilden oder zu reparieren, unmittelbar mit der Fähigkeit zu tun, eigene Ohnmacht auszuhalten.

Strukturen aufrechterhalten

Organisationen und Organisationsstrukturen dienen nicht nur betriebswirtschaftlichen Zielen, sondern auch der Erfüllung individueller und kollektiver Bedürfnisse (Lewkowicz u. Neukom, 2019, S. 57 ff.). Sie sind *auch* Gefäße, die Kommunikation, Beziehungen und Emotionen in Bahnen lenken und halten. Dabei geht es um Identitäten und Identifikationen, Austausch von Anerkennung, Erfüllung von Wünschen sowie Beschwichtigung von Angst und Furcht. Es ist wichtig, dass Berater:innen und Organisationsentwickler:innen die intersubjektive Dynamik des Austauschs von Anerkennung und der Selbstwertregulation kennen und berücksichtigen. Auch bei Unternehmer:innen und Führungskräften ist dies erstrebenswert (Giernalczyk et al., 2012, S. 32 ff.; Lewkowicz u. Neukom, 2019, S. 213). Die gezielte Einrichtung funktionaler, Sicherheit spendender Strukturen, die Konflikte aufnehmen und bewältigbar machen sowie Reflexion und Individuation fördern, betrifft Aufgaben der strukturellen Führung (Lewkowicz u. Neukom, 2019, S. 68 ff.).

Funktionale Strukturen bestehen aus Regeln und (Selbst-)Reflexionsräumen, die die Zusammenarbeit unterstützen. Im Kontext von Narzissmus fördern sie Vertrauen und den Austausch von Anerkennung. Sie schützen vor Respektlosigkeiten und unterstützen die Verarbeitung belastender Gefühle. Auch in Coachings ist es daher essenziell, dass das Setting (Ort, Termine, Zeitdauer, Honorar) vorgängig geklärt und von Berater:innen verbindlich und zuverlässig aufrechterhalten wird.

Selbstreflexion fördern

Der Kreis schließt sich mit der Frage, wie Selbstreflexion gefördert werden kann (Kap. 3.4). In der Arbeitswelt wird unter Selbstreflexion gewöhnlich das Einholen von Feedback, spezifisch kritischen Rückmeldungen, verstanden. Aufgrund ihrer Verbindung zu Allmachts-, Verschmelzungs- und Untergangsfantasien sowie belastenden Gefühlen erzeugt Selbstreflexion stets einen gewissen Widerstand und selbst wieder Scham. Daher tendieren Formalisierungen dazu, sie nach und nach ihres Inhalts zu entleeren. Dann wird die Selbstreflexion unauthentisch, forciert oder zu einem mechanisch abgewickelten, zunehmend unglaubwürdigen Ritual, bis hin zur Farce. In dieser Form kann sie allerdings lange unhinterfragt bestehen bleiben, weil niemand wirkliches Interesse daran hat, den Missstand anzusprechen.

Als nicht abschließbares Nachdenken über sich selbst in Beziehung zu anderen auf sowohl sachlicher als auch emotionaler Ebene verlangt Selbstreflexion nach einer wertschätzenden Kommunikationskultur. Sie muss zu einem gewissen Grad stets von Neuem schmerzlich bestätigen, dass das Erleben und Fühlen anderer vom eigenen abweicht. Selbstreflexion kann nicht allein, sondern muss im Gespräch mit vertrauenswürdigen Menschen stattfinden. Dementsprechend sollten Berater:innen sorgfältig darauf achten, dass sie solche geschützten Räume und zeitlich begrenzte Sequenzen, die frei von Handlungs-, Leistungs-, Bewertungs- und Entscheidungsdruck sind, auch tatsächlich anbieten.

Wenn Selbstreflexion innerhalb eines Teams gefördert werden soll, kann dies nur auf der Basis ausreichender vorgängiger Team- und Vertrauensbildung funktionieren. Gruppensituationen erzeugen eine regressive Tendenz, die Individuen temporär auf eine frühere kognitiv-emotionale Stufe ihrer Persönlichkeitsentwicklung zurückzieht (Lewkowicz u. Neukom, 2019, S. 87 ff.). Damit werden sowohl Fantasien als auch Gefühle entdifferenziert und verstärkt. Der generelle Angstpegel, insbesondere die Furcht vor Beschämung, steigt an, womit die Affektkontrolle, die Bereitschaft zur Verantwortungsübernahme und auch Kreativität beeinträchtigt werden. Rücksichtslose und aggressive Impulse können leichter an die Oberfläche kommen. Erfolgreiche Berater:innen können dies aufnehmen und halten.

Ich habe beschrieben, inwiefern ein gut integriertes Selbst Desillusionierung zulassen kann (Kap. 3.3): wenn es fähig ist, Mitmenschen in ihrer Eigenständigkeit und Abhängigkeit selbstkritisch zu respektieren, eigene Bedürftigkeit und Abhängigkeit zu akzeptieren, wilde Fantasien und unlustvolle Gefühle zu explorieren, Rückschläge zu verarbeiten, (Leistungs-)Grenzen anzuerkennen, den Sinn für die Realität aufrechtzuerhalten und die eigene Endlichkeit zu akzeptieren. Vor diesen Aufgaben stehen Arbeitnehmer:innen, Führungskräfte, CEOs, Unternehmer:innen und Berater:innen unterschiedslos – sowohl individuell als auch in Teams, Organisationen und Gesellschaften. Wenn Beratungen solche Prozesse der Desillusionierung nachhaltig unterstützen und sich dabei sowohl Klient:innen als auch Berater:innen verändern und entwickeln, betrachte ich dies als ihren wertvollsten Beitrag zum Narzissmus als soziokulturellem Regulativ.

Literatur

Abram, J. (2007). The Language of Winnicott. A dictionary of Winnicott's use of words (second edition). London: Routledge.

Allen, J. G., Fonagy, P., Bateman, A. W. (2022). Mentalisieren in der psychotherapeutischen Praxis. Stuttgart: Klett-Cotta.

Althoff, M.-L. (2017). Macht und Ohnmacht mentalisieren. Konstruktive und destruktive Machtausübung in der Psychotherapie. Berlin, Heidelberg: Springer.

Altmeyer, M. (2004). Narzissmus und Objekt. Ein intersubjektives Verständnis der Selbstbezogenheit. Göttingen: Vandenhoeck & Ruprecht.

Altmeyer, M., Thomä, D. (Hrsg.) (2021). Die vernetzte Seele. Die intersubjektive Wende in der Psychoanalyse (4. Aufl.). Stuttgart: Klett-Cotta.

Arbeitskreis OPD (Hrsg.) (2006). Operationalisierte Psychodynamische Diagnostik OPD-2. Das Manual für Diagnostik und Therapieplanung. Bern: Hans Huber.

Bion, W. (1997). Lernen durch Erfahrung (2. Aufl.). Frankfurt a. M.: Suhrkamp.

Bohleber, W. (1996). Identität und Selbst. Die Bedeutung der neueren Entwicklungsforschung für die psychoanalytische Theorie des Selbst. In W. Bohleber (Hrsg.), Adoleszenz und Identität (S. 268–302). Stuttgart: Klett-Cotta.

Campbell, B., Manning, J. (2018). The Rise of Victimhood Culture. Microaggressions, Safe Spaces and the New Culture Wars. London: Palgrave Macmillan.

Conzen, P. (2014). Urvertrauen. In W. Mertens (Hrsg.), Handbuch psychoanalytischer Grundbegriffe (4., überarb. u. erw. Aufl., S. 1047–1050). Stuttgart: Kohlhammer.

Dalio, R. (2017). Principles: Life and Work. New York: Simon & Schuster.

Dammann, G. (2011). Narzissten, Egomanen, Psychopathen in der Führungsetage. Fallbeispiele und Lösungswege für ein wirksames Management. Bern: Haupt.

Deal, T., Kennedy, A. A. (2000). Corporate Cultures: The Rites and Rituals of Corporate Life. New York: Basic Books.

Dornes, M. (1993). Der kompetente Säugling. Frankfurt a. M.: Fischer.
Dornes, M. (2006). Die Seele des Kindes. Frankfurt a. M.: Fischer.
Eidenschink, K. (2005). Coaching von narzisstischen Führungskräften. wirtschaft + weiterbildung, 2, 46–49.
Erikson, E. H. (2021). Identität und Lebenszyklus (30. Aufl.). Frankfurt a. M.: Suhrkamp.
Ermann, M. (2017). Der Andere in der Psychoanalyse. Die intersubjektive Wende (2. Aufl.). Stuttgart: Kohlhammer.
Fonagy, P., Gergely, G., Jurist, E. L., Target, M. (2008). Affektregulierung, Mentalisierung und die Entwicklung des Selbst (3. Aufl.). Stuttgart: Klett-Cotta.
Frank, R. H. (2016). Success and Luck. Good Fortune and the Myth of Meritocracy. Princeton and Oxford: Princeton University Press.
Freud, A. (1936/1984). Das Ich und die Abwehrmechanismen. Frankfurt a. M.: Fischer.
Freud, S. (1914). Zur Einführung des Narzissmus. In Gesammelte Werke, Band 10, S. 137–170, und Studienausgabe, Band III, S. 37–68. Frankfurt a. M.: Fischer.
Fulterer, R., Keusch, N., Schoop, N. (2023). Guter Musk, böser Musk. Wie der Held des Silicon Valley immer mehr zur Hassfigur wird. Neue Zürcher Zeitung, Nr. 23 vom 28. Januar 2023, S. 38–41.
Goebel, A., Hinn, D. (2016). Die Bedeutung des Mentalisierungskonzepts für Coaching. Organisationsberatung, Supervision, Coaching, 23, 24–42.
Giernalczyk, T., Lazar, R. A., Albrecht, C. (2012). Die Rolle der Führungskraft und des Beraters als Container. In T. Giernalczyk, M. Lohmer (Hrsg.), Das Unbewusste im Unternehmen. Psychodynamik von Führung, Beratung und Change Management (S. 25–37). Stuttgart: Schäffer-Poeschel.
Giernalczyk, T., Möller, H. (2018). Entwicklungsraum. Psychologische Beratung in Organisationen. Göttingen: Vandenhoeck & Ruprecht.
Glasl, F. (2013). Konfliktmanagement. Ein Handbuch für Führungskräfte, Beraterinnen und Berater (11. Aufl.). Bern, Stuttgart: Haupt.
Haubl, R. (2012). Vertrauensbildung im Beratungsprozess. In H. Möller (Hrsg.), Vertrauen in Organisationen. Riskante Vorleistung oder hoffnungsvolle Erwartung? (S. 29–43). Wiesbaden: Springer.
Hinshelwood, R. D. (1993). Wörterbuch der kleinianischen Psychoanalyse. Stuttgart: Verlag Internationale Psychoanalyse.
Holzhey-Kunz, A. (2011). Von der Wahrheit des Nacktseins. Scham als existenzielles Grundgefühl. Psychoscope, 32. Jg., 2011, H. 4, 8–11.

Kets de Vries, M. F. R. (1998). Führer, Narren und Hochstapler. Essays über die Psychologie der Führung. Stuttgart: Klett-Cotta.

Keusch, N. (2022). Wer ist das Mathe-Genie, das sich gegen den gefallenen FTX-Gründer wendet? Neue Zürcher Zeitung, Nr. 300 vom 23. Dezember 2022, S. 22.

Kratzer, A. (2021). Narzissmus. Die Persönlichkeitsstörung ist in aller Munde – überall lauern scheinbar selbstverliebte Egomanen. Doch wie tickt ein Narzisst wirklich? Psychologie Heute, 16.11.2021. https://www.psychologie-heute.de/leben/artikel-detailansicht/41618-narzissmus.html (Zugriff am 29.09.2023).

Lacan, J. (1949/1996). Das Spiegelstadium als Bildner der Ichfunktion, wie sie uns in der psychoanalytischen Erfahrung erscheint. In Schriften I (4., durchges. Aufl., S. 61–70). Berlin: Quadriga.

Lasch, C. (1991). The Culture of Narcissism. American Life in an Age of Diminishing Expectations. New York: W. W. Norton.

Lewkowicz, E.-M., Neukom, M. (2018). Organisationskultur. Die stärkste Macht im Unternehmen? Psychodynamische Psychotherapie, 17, 106–115.

Lewkowicz, E.-M., Neukom, M. (2019). Kompetent führen. Betriebswirtschaftliche und psychodynamische Grundlagen für den Führungsalltag. Stuttgart: Schäffer-Poeschel.

Lewkowicz, E.-M., West-Leuer, B. (Hrsg.) (2016). Führung und Gefühl. Mit Emotionen zu Authentizität und Führungserfolg. Berlin: Springer.

Lohmer, M., Giernalczyk, T., Heimer, C., Engelberg, M., Albrecht, C., Weiß, J. (2012). Psychodynamische Führungsstile. In T. Giernalczyk, M. Lohmer (Hrsg.), Das Unbewusste im Unternehmen. Psychodynamik von Führung, Beratung und Change Management (S. 57–75). Stuttgart: Schäffer-Poeschel.

Luhmann, N. (2014). Vertrauen (5. Aufl.). Konstanz: UVK.

Maaz, H.-J. (2012). Die narzisstische Gesellschaft. Ein Psychogramm (2., durchges. Aufl.). München: C. H. Beck.

Mentzos, S. (2013). Lehrbuch der Psychodynamik. Die Funktion der Dysfunktionalität psychischer Störungen. Göttingen: Vandenhoeck & Ruprecht.

Möller, H. (2012). Vertrauensbildung im Beratungsprozess. In H. Möller (Hrsg.), Vertrauen in Organisationen. Riskante Vorleistung oder hoffnungsvolle Erwartung? (S. 13–27). Wiesbaden: Springer.

Neukom, M. (2005). Die Rhetorik des Traumas in Erzählungen. Mit der exemplarischen Analyse einer literarischen Eröffnungssituation. Psychotherapie & Sozialwissenschaft, 7(1), 75–109.

Neukom, M., Lewkowicz, E.-M., West-Leuer, B. (2021). Angst in Organisationen – mit emotionaler Authentizität zum Führungserfolg. Ein psychodynamischer Reader für Führungskräfte, Coaches und Coaching-Verantwortliche. Berlin, Heidelberg: Springer.

Reckwitz, A. (2017). Die Gesellschaft der Singularitäten. Zum Strukturwandel der Moderne. Berlin: Suhrkamp.

Rimbaud, A. (2020). Seher-Briefe. Werke Band 5. Aachen: Rimbaud-Verlagsgesellschaft.

Schmidbauer, W. (1977). Die hilflosen Helfer. Über die seelische Problematik der helfenden Berufe. Reinbek: Rowohlt.

Schmidt-Lellek, C. J. (2004). Charisma, Macht und Narzissmus. Zur Diagnostik einer ambivalenten Führungseigenschaft. Organisationsberatung, Supervision, Coaching, 11, 27–40.

Schneck, C. (2018). Coaching und Narzissmus. Psychologische Grundlagen und Praxishinweise für Management-Coaches und Berater. Berlin: Springer.

Solomon, R. C. (2007). True to our feelings. What our emotions are really telling us. New York: Oxford University Press.

Steiger, T., Lippmann, E. (Hrsg.) (2013). Handbuch angewandte Psychologie für Führungskräfte. Band 1 (4. Aufl.). Berlin: Springer.

Stern, D. (2010). Die Lebenserfahrung eines Säuglings (10. Aufl.). Stuttgart: Klett-Cotta.

Taubner, S., Kotte, S. (2018). Mentalisierung im Coaching. In S. Greif, H. Möller, W. Scholl (Hrsg.), Handbuch Schlüsselkonzepte im Coaching (S. 353–362). Berlin: Springer.

Walter, M., Bilke-Hentsch, O. (2020). Narzissmus: Grundlagen, Formen, Interventionen. Stuttgart: Kohlhammer.

Wikipedia (2023a). FTX. https://en.wikipedia.org/wiki/FTX (Zugriff am 29.09.2023).

Wikipedia (2023b). Tiger Woods. https://en.wikipedia.org/wiki/Tiger_Woods (Zugriff am 29.09.2023).

Willi, J. (1975). Die Zweierbeziehung. Reinbek: Rowohlt.

Winnicott, D. W. (2001). Reifungsprozesse und fördernde Umwelt. Gießen: Psychosozial-Verlag.

Winnicott, D. W. (2012). Vom Spiel zur Kreativität (13. Aufl.). Stuttgart: Klett-Cotta.

Wirth H.-J. (2011). Narzissmus und Macht. Zur Psychoanalyse seelischer Störungen in der Politik (4., korr. Aufl.). Gießen: Psychosozial-Verlag.